Gregor Maria Hoff

Religionskritik heute

topos taschenbücher, Band 523

Gregor Maria Hoff

Religionskritik heute

topos taschenbücher

Verlagsgemeinschaft topos plus
Butzon & Bercker, Kevelaer
Don Bosco, München
Echter, Würzburg
Lahn-Verlag, Kevelaer
Matthias-Grünewald-Verlag, Ostfildern
Paulusverlag, Freiburg (Schweiz)
Friedrich Pustet, Regensburg
Tyrolia, Innsbruck

verlags gruppe engagement

Bibliografische Information der Deutschen Nationalbibliothek
Die Deutsche Nationalbibliothek verzeichnet diese Publikation in der Deutschen Nationalbibliografie; detaillierte bibliografische Daten sind im Internet über http://dnb.d-nb.de abrufbar.

2010 Verlagsgemeinschaft **topos** plus, Kevelaer
2. Auflage

Einband- und Reihengestaltung | Finken & Bumiller, Stuttgart
Umschlagabbildung | www.photocase.de/bobot
Satz | Aalexx Druck GmbH | Großburgwedel
Herstellung | Pustet | Regensburg
Printed in Germany

Topos ISBN: 978-3-8367-0523-3
www.toposplus.de

Inhalt

Vorwort

Religionskritik heute verzichtet nicht auf ihre theoretische Stoßrichtung, ist aber zunehmend im Spiegel gelebter Haltungen zu sehen. Wie man Abstand nimmt, entscheidet.

- Werbung etwa ist dort religionskritisch zu begreifen, wo sie sich ironisch von den religiösen Motiven absetzt, die sie formal nutzt.
- Religiöse Teilnahmslosigkeit erscheint in der Weise aufschlussreich, in der sie Ablehnung ausdrückt. Das gilt für den politischen Raum, wenn öffentlich Distanz eingelegt wird – etwa mit dem plakativen Verzicht auf den Gottesbezug in der europäischen Verfassung.

Auf dieser Linie tritt Religionskritik im Westen verstärkt als *Christentumskritik* auf. Über Papyrusstreit, Papstmord und kriminalgeschichtliche Enthüllungen reicht sie bis zu den öffentlichen Debatten über Schulkruzifixe und den staatlich geschützten Religionsunterricht. Katholischerseits lässt sich dies am leichtesten *kirchenkritisch* bündeln.

Mit der Palette der Themen soll hier ausdrücklich nicht der Abweis ihrer legitimen Fragestellung verbunden sein. Es darf aber kaum als selbstverständlich durchgehen, was den religionskritischen Diskurs stützt: dass man bei hoher Religionsakzeptanz einerseits mit einer breiten Zustimmung von Christentumskritik andererseits zu rechnen hat. Nicht zuletzt so bestätigt sich die religiöse Zeitdiagnose von J. B. Metz, wonach „Religion – ja, Gott – nein" gilt, zumal wenn Letzterer christlich aufgefasst wird.[1]

Gegenwärtige Religionskritik ist vor diesem Hintergrund zu sehen. Ihre verdeckten Lesarten sind zu erschließen, um sich ein Bild von ihrer möglichen Wirkung zu machen. Die wiederum steht in direktem Verhältnis zu ihrer gesellschaftlichen und medialen Bannkraft. Plausibilitäten werden beansprucht, um sie in einem zu bedienen. Interessant ist z. B. die

Inszenierung der Bilder vom kranken Papst. Körperliche Hinfälligkeit wird zur Frage nach der geistigen Zurechenbarkeit: muss man, kann man noch ernst nehmen, was Johannes Paul II. vermittelt? Die Empfehlung der Bilder und die Art ihrer Aufnahme sind als kritische Stücke zu begreifen.

Der kreisförmige Vorgang der Selbstverstärkung von Vorurteil und nachgeholter Bestätigung, der hier auftritt, gilt nicht lediglich von trivialen Proben. Christentumskritik findet sich auch theoretisch anspruchsvoll aufbereitet.[2] Weil in ihrer *praktischen* Spielform eine durchgängige *Logik* herrscht, muss Theologie verstärkt darauf achten, die theoretische Reichweite gelebter Religions- und Christentumskritik zu bestimmen.

Die vorliegende Analyse versucht, das Phänomen an unterschiedlichen Brennpunkten zu stellen und einen Überblick zu verschaffen. Religionskritik wird dabei thematisch mit Formen der Christentumsopposition verbunden, und der Zusammenhang der verschiedenen kritischen Einsätze eng gefasst. Religions-, Christentums- und Kirchenkritik gehen häufig ineinander über; was die eine grundsätzlich anlegt, führt die andere aus.

Das Buch konzentriert sich auf Aspekte, die über die klassischen religionskritischen Ansätze hinausführen, ohne sie aus dem Blick zu verlieren. Neue Perspektiven sind zu registrieren und zu verarbeiten. So ist der Text als Einleitung und Bilanz gleichermaßen angelegt, die angesichts des Umfangs selbstverständlich nur ausschnitthaft ausfallen kann.[3] Vor allem aber handelt es sich um eine Meldung aus bedrohtem Gebiet, um eine nautische Positionsangabe auf bewegter See: Und in Bewegung ist hier einiges.

Gewidmet ist dieses Buch meinem theologischen Lehrer Prof. DDr. Dr. h. c. Hans Waldenfels SJ zum 18. März 2003, dem 40. Jahrestag seiner Priesterweihe – ein kleines Zeichen des Danks. Ein Danke gilt auch Thomas Fornet-Ponse für vielfache Hilfeleistung, den TeilnehmerInnen eines Hauptseminars an der Universität Köln zu diesem Thema und nicht zuletzt meinen Krefelder SchülerInnen, ohne die dieses Buch anders wäre.

In den Jahren nach der ersten Auflage dieses Buches haben die religionskritischen Debatten an Dynamik gewonnen. Die „neuen Atheismen" beanspruchen eine eigene Aufmerksamkeit, aber auch die jüngsten wissenschaftlichen Diskussionen lassen Präzisierungen an verschiedenen Punkten dieser Einführung wünschenswert erscheinen. Alles in allem wäre der Band damit grundlegender zu bearbeiten, als dies möglich erscheint, ohne das gegebene Format zu sprengen. Die leitende These, dass „Religionskritik heute" in erheblichem Maße pragmatisch gesteuert und kulturwissenschaftlich in lebensweltlichen Zusammenhängen zu bestimmen ist, bleibt indes in Kraft. Von daher schließt sich die zweite Auflage dieses Buches mit seinem Nachfolgeband zusammen (Die neuen Atheismen. Eine notwendige Provokation, 2009).

Mein Dank gilt erneut meinem Lektor Dr. Rudolf Zwank für die immer angenehme Zusammenarbeit.

Salzburg im Oktober 2009 *Gregor Maria Hoff*

1. Was ist Religionskritik? Biblisch-historische Hinführung

Religionskritik

Was ist Religionskritik? Seit wann gibt es sie? Wo begegnet man ihr christlich? Und vor allem: Was hat sie mit unserer Gegenwart zu tun? Das sind Fragen, auf die das Buch Antworten zu geben versucht. Zum Teil werden sie an verschiedenen Punkten immer wieder neu aufgegriffen und unterschiedlich thematisiert. Zumindest am Anfang sollen aber einige definitorische Hinweise stehen.

Der Begriff „Religionskritik" ist relativ jung, die Sache selbst allerdings sehr viel älter. Im Umfeld der kritischen Philosophie Immanuel Kants verwendet Johann Heinrich Tieftrunk den Ausdruck „Religionskritik" und meint damit den Anspruch der Vernunft, die sich auf den Glauben bezieht.[4] Religionskritik dient zur Unterscheidung des Vernünftigen vom Irrationalen, und zwar im Glauben. Religionskritik bleibt damit ein Anliegen des religiösen Denkens und macht darauf aufmerksam, dass solche Kritik zum Glauben selbst gehören muss. Das gilt in doppeltem Interesse: um Gott von den Götzen zu unterscheiden und um sich nach außen hin und also immer auch rational verständlich vermitteln zu können.

Der Vernunftanspruch kennzeichnet dann aber auch das, was gemeinhin unter Religionskritik gefasst wird: die Kritik am Religiösen selbst, und zwar in grundsätzlicher Absicht. Kritisiert wird die (vermeintliche) Unvernünftigkeit des Glaubens. Einerseits kann sich das auf einzelne Inhalte beziehen, andererseits aber auch den ganzen Glauben in Frage stellen. Diese theoretische Linie zieht sich – wie zu zeigen sein wird – von der Antike bis in die Zeit der klassischen

Religionskritik des 19. Jh. und darüber hinaus auch bis in die unmittelbare Gegenwart.

Gerade weil aber Religionskritik sich am konkreten Gehalt entzündet; weil sie gegen ganz bestimmte Vorstellungen vorgeht, nimmt sie immer wieder die Gestalt einer konkreten Religionskritik – z. B. einer ausgesprochenen *Christentumskritik* – an. Sie wird oft historisch begründet vorgetragen oder bezieht sich auf zentrale Glaubensvorstellungen. Besonders gegenwärtig konzentriert sich solche Religions- als Christentumskritik auf Inhalte, die als inhuman ausgewiesen werden. So wird im Kreuz ein sadistisches Gottesbild entdeckt oder in der Rede von Gott als Vater ein patriarchalisches Weltbild. Hier sieht man wiederum, dass die entsprechenden Anfragen theologisch als solche ernst zu nehmen und selbstkritisch zu überprüfen sind. Kritik ist ein unabdingbares Moment des Religiösen. Entscheidende Anhaltspunkte liefern dafür bereits verschiedene biblische Traditionen. Und nicht zuletzt die historisch-kritische Methode der Schriftauslegung macht deutlich, dass kritisches Denken religiös nichts Fremdes sein kann.

Biblische Vorgaben

Religionskritik ist demnach ein wesentlicher Bestandteil der religiösen Selbstauffassung. Man kann dies systemtheoretisch erklären, insofern sich Religion als soziales System durch Kommunikation aufbaut und erhält und sich dementsprechend über sich selbst aufklären und verständigen muss. Man kann von den notwendigen Differenzierungen sprechen, die das Heilige vor einem Zugriff schützen, der es gleichsam entzaubert und so seiner Macht entkleidet. Religionskritik wäre funktionslogisch als Verbot eines unberechtigten Umgangs mit dem Göttlichen zu beschreiben. Die Rede vom Geheimnis erhält hier ihre *intern religionskritische* Bedeutung:

„Das Sakrale findet sich nicht in der Natur, es wird als Geheimnis konstituiert. (Später wird man dann sagen, es sei mit Worten nicht ausreichend zu beschreiben.) Durch Geheimhaltung wird die Beliebigkeit und mögliche Leichtfertigkeit im Umgang mit nichtempirischem Wissen – eine Variante des Täuschungsrisikos – eingeschränkt. Auf diese Weise entsteht das geheim zu haltende Wissen. Das Wissen muss, mit anderen Worten, gegen Kommunikation geschützt werden, weil es durch diesen Schutz überhaupt erst erzeugt wird. Andernfalls würde man natürlich rasch herausbekommen, dass die heiligen Knochen bloß Knochen sind. (In den Hochreligionen wird dieser Zirkel die Fassung erhalten, dass eine profanierende Enthüllung des Mysteriums gar nicht möglich ist, weil die Neugierigen in diesem Falle nur Trivialitäten vor Augen haben, *und gerade nicht das Mysterium selbst.*)“[5]

Derart mehrdeutige Religionskritik markiert die Tendenz des Religiösen zur Aufklärung hin und hält einen Prozess fest, der sich allerdings erst auf halbem Weg zur theoretischen Selbstkritik des strengen Monotheismus befindet.

Für eine theologische Innensicht greift diese Interpretation in jedem Fall zu kurz. Interne religiöse Kritik an einem bestimmten Gebrauch und Verständnis des Religiösen – bezogen auf den offiziellen Kult, auf fromme Praktiken, auf theoretische Sinnbildung – wird unausweichlich, wo das Transzendente nicht nur menschlich gegeben ist, sondern zugleich radikal entzogen bleibt. Theologische Religionskritik steht im Dienst der Unverfügbarkeit Gottes. Gerade deshalb muss sie keine Angst vor möglicher Entzauberung austragen. In diesem Zusammenhang ist an eine Perikope zu erinnern, die der Christentums- und Religionskritiker Herbert Schnädelbach ins Spiel bringt: In der Todesstunde Jesu reißt der Vorhang im Tempel entzwei (Mt 27,51). Für Schnädelbach ist das Mythologie. Stattdessen ist die Stelle so zu deuten, dass hier die Trennung von sakralem und profanem Raum und damit die von Gott und Mensch aufgerissen wird. Der Gekreuzigte wird zur Grundfigur theologischer Religionskritik, weil er den kritischen Maßstab zur Bestimmung der Beziehung von Gott und Mensch angibt.

Für theologische Religionskritik ergeben sich vor diesem Hintergrund jüdisch-christlich gesehen mehrere Anhaltspunkte:

- Christlich ist Religionskritik jesuanisch orientiert. Sie kann sich auf die kritischen Interventionen Jesu gegen Missbrauch oder Missverständnis des Religiösen beziehen:

„In der Schrift steht: Vor dem Herrn, deinem Gott, sollst du dich niederwerfen und ihm allein dienen.“ (Mt 4,10)
„Der Sabbat ist für den Menschen da, nicht der Mensch für den Sabbat.“ (Mk 2,27)
„Hütet euch vor dem Sauerteig der Pharisäer, das heißt vor der Heuchelei.“ (Lk 21,2)
„Dann ging er in den Tempel und begann, die Händler hinauszutreiben. Er sagte zu ihnen: In der Schrift steht: *Mein Haus soll ein Haus des Gebetes sein.* Ihr aber habt daraus *eine Räuberhöhle* gemacht.“ (Lk 19,45 f)

- Ein religionskritischer Impuls von besonderer Brisanz wird in der christologischen Zuspitzung des Gottesbilds gesetzt. Der Anspruch des johanneischen Jesus – „Wer mich gesehen hat, hat den Vater gesehen“ (Joh 14,9) – fordert zur Revision des Gottesbildes heraus.

- Christliche Religionskritik ist darüber hinaus immer am Ersten Gebot auszurichten:

„Ich bin der Herr, dein Gott, der dich aus Ägypten geführt hat, aus dem Sklavenhaus. Du sollst neben mir keine anderen Götter haben. Du sollst dir kein Gottesbild machen und keine Darstellung von irgendetwas am Himmel droben, auf der Erde unten oder im Wasser unter der Erde. Du sollst dich nicht vor anderen Göttern niederwerfen und dich nicht verpflichten, ihnen zu dienen.“ (Ex 20,2–5)

- Theologische Religionskritik aktualisiert prophetische Verkündigung, wobei auch Sozialkritik auf ein falsches Gottesbild hinweist. In der Einleitung der Einheitsübersetzung zum Buch *Amos* heißt es exemplarisch:

„Die Hauptanklage dieses ältesten Schriftpropheten richtet sich gegen die des Gottesvolkes unwürdigen Zustände im Staat, in der Verwaltung, im Gerichtswesen und in der Wirtschaft. Weil die oberen Schichten die Menschen niederer Herkunft und ungesicherter sozialer Lage zu bloßen Objekten ihres Erwerbs-, Macht- und Genusstriebes herabwürdigen und so das ‚Gottesrecht' brechen, muss Amos das Todesurteil Gottes für das Reich Israel verkünden. Eine auf den Kult beschränkte Verehrung Gottes wird von Amos verworfen (5,21–26)."

Die theologiegeschichtliche Zeugenliste solcher Kritik reicht weit. Sie umfasst die Spielformen Negativer Theologie und der Mystik, die nach dem richtigen Gottesverhältnis fragen. Sie ist Teil der verschiedenen kirchlichen Reformbewegungen und zumal inneres Moment der verschiedenen monastischen Traditionen und Stile. Und sie findet sich auch schultheologisch wieder – in der modernen Theologie vielleicht am eindrucksvollsten ausgeprägt im Einspruch Karl Barths gegen *Religion als Konstrukt des Menschen.* Theologische Religionskritik bleibt vor diesem Hintergrund aktuell und behält eine provokative Kraft

Religionskritische Leitlinien

Religionskritik ist also durchaus kein modernes Privileg. Die neuzeitliche Bestreitung Gottes zehrt von der griechischen Aufklärung und ihrer Religionskritik. Exemplarisch steht dafür der Einspruch des Xenophanes (570–475 v. Chr.) gegen die allzu menschlichen Götter[6]:

„Alles haben Homer und Hesiod den Göttern angedichtet, was nur immer bei den Menschen Schimpf und Schande ist: Stehlen, Ehebrechen und sich gegenseitig Betrügen." (Fragment 11)

„Doch die Sterblichen wähnen, die Götter würden geboren und hätten Gewand, Stimme und Gestalt ähnlich wie sie selber." (Fragment 14)

„Wenn Kühe, Pferde oder Löwen Hände hätten und damit malen und Werke wie die Menschen schaffen könnten, dann würden die Pferde pferde-, die Kühe kuhähnliche Götterbilder malen und solche Gestalten schaffen, wie sie selber haben." (Fragment 15)

„Die Äthiopen stellen sich ihre Götter schwarz und stumpnasig vor, die Thraker dagegen blauäugig und rothaarig." (Fragment 16)

Hier findet sich eine erste Fassung des Projektionsverdachts, den Feuerbach und Freud im 19. Jh. so eindrucksvoll erheben werden. Das religionskritische Spektrum der Antike reicht aber noch weiter. Epikur (341–270 v. Chr.) formuliert seinen Einwand gegen die Existenz der Götter aus dem Theodizeeproblem heraus:

> „Entweder wollen die Götter die Ungerechtigkeit in der Welt abschaffen und können es nicht – dann sind sie schwach; oder sie können es und wollen es nicht – dann sind sie schlecht; oder sie können es nicht und wollen es nicht – dann sind sie schwach und schlecht; oder sie können es und wollen es – warum tun sie es dann nicht?"

Gerade am Theodizeeproblem hat sich fortan immer wieder die Religionskritik entzündet. Es macht heute die vielleicht entscheidende theoretische Herausforderung des Gottesglaubens aus.[7] Dabei ist zu beachten, dass die jüdisch-christliche Tradition die Frage selbst im Hiob-Buch (5.–3. Jh. v. Chr.) kanonisiert. Schon in verschiedenen altorientalischen Texten wurde das Problem im religiösen Kontext behandelt (Sumerischer Hiob: ca. 2000 v. Chr.; babylonische Parallelen).[8] Offensichtlich gehört die Frage selbst konstitutiv zum religiösen Bewusstsein.[9]

Die Kritik löst in diesem Zusammenhang die Religion aus dem mythischen Paradigma. Religion steht kritischem Denken nicht entgegen, sondern bedarf der Kritik, um sich selbst herauszubilden. Religionskritik hat in diesem Sinne von Anfang an eine klärende Funktion. Dies schließt auch „die Anerkennung von Aporien“ ein.[10]

In religiöser Hinsicht bedeutet Religionskritik demnach eine mehrfache Herausforderung:

(1) Das eigene Sprechen von Gott auf Belastetes, Inkohärentes und Unhaltbares hin zu überprüfen. Das gilt zumal für die Beanspruchung bestimmter Vorstellungsmuster, mit denen religiöse Konzepte gefasst werden.

(2) Sich im Zusammenhang der Selbstkritik Rechenschaft darüber zu geben, inwiefern sich die Ansprüche und Rationalitätsformen der Religionskritik in den theologischen Bereich übertragen lassen. Es geht um die Herausbildung einer autonomen (besser: theonomen) und zugleich kommunikablen Theo-logik.

(3) Apologetisch eine Gegenkritik zu formulieren, die es wiederum erlaubt, auf der Grundlage eines genauer durchdachten Glaubens positive Glaubensgründe ins Spiel zu bringen.

Religionskritik ist damit ein entscheidender Motor religiöser Identitätsbildung. Sie trägt zur Systematisierung bei und markiert zugleich offene Wunden, die sich möglicherweise einer letzten theoretischen Integration entziehen. Dies kann durchaus zur Rationalität der Theologie gehören, etwa im Blick auf die bleibende Geheimnishaftigkeit und Unbegreifbarkeit Gottes. Insofern diese Aussage zentral ist, muss sie Konsequenzen für die Fassung religiöser Vernunft haben. In diesem Sinne hat etwa das Theodizeeproblem den Charakter einer bleibenden, unabgeltbaren Provokation und zugleich eine theoretisch tragende Bedeutung.

Vor diesem geschichtlichen Hintergrund ist der religionskritische Atheismus der Moderne zu sehen. Er ist in verschiedener Hinsicht kontextuell bestimmt:

(1) Er hat sich aus einem letztlich religiös bestimmten Diskurs heraus entwickelt und ist – zumal mit dem Theodizeeproblem – theologisch inspiriert.

(2) Die moderne Ablösung der Religionskritik aus dem religiösen Bereich vollzieht sich unter den konkreten Bedingungen der ökonomisch und kulturell vollzogenen Säkularisierung seit der frühen Neuzeit.

(3) In dieser Hinsicht ist die moderne Religionskritik ein Ergebnis der Trennung von religiöser und weltlicher Sphäre. Sie hat sich durch die spezifischen Probleme des – besonders katholischen – Christentums mit der Moderne verschärft. Es kam zu Bruchstellen mit dem Ergebnis verschiedener Mentalitäten und Kulturen vor einem gemeinsamen gesellschaftlichen Hintergrund. Religion erscheint von daher nicht selten als:

- modernitätsfeindlich (katholisch),
- gelegentlich aber auch als zu angepasst (protestantisch, z. T. auch katholisch staatstragend),
- darüber hinaus im Blick auf die Fremdreligionen als zivilisatorisch unterentwickelt. Diese Position spielte für die theoretische Auseinandersetzung keine Rolle, hatte aber mentalitätsbestimmende Kraft.

Damit ist aber dann der theoretische Horizont des religionskritischen Diskurses der Moderne genauer zu bestimmen: Der religionskritisch untermauerte Atheismus erscheint nicht zuletzt als *atmosphärisch* wesentliche Herausforderung des Gottesglaubens – zumindest in der westlichen Welt.

> „Der neuzeitliche Atheismus trifft das Christentum in seiner Wurzel, weil er in seiner vollen Ausprägung insofern den radikalsten Einspruch des Menschen gegen Gott und Göttliches darstellt, als er Gott und Göttliches nicht nur leugnet und für nicht-existent erklärt, sondern den Anspruch erhebt, Gott getötet und vernichtet zu haben. In dieser Radikalität war der Atheismus nur nachchristlich möglich. Denn nirgendwo sonst als im jüdisch-christlichen Raum treten Gott und Welt als Schöpfer und Schöpfung, Gott und Nicht-Gott so deutlich auseinander und stehen Gott und Mensch so entschieden gegenüber."[11]

Die Verweltlichung der Welt, mit der sich der Säkularismus vom christlichen Gott verabschiedet, zehrt demnach von christlichen Grundlagen. Aus Bezug wird Trennung. Bis schließlich die Schwergewichte vollständig verkehrt werden. Nicht mehr Gott ist der Schöpfer des Menschen, sondern der Mensch der Schöpfer Gottes. Diese äußerste Konsequenz der anthropozentrisch gewendeten Philosophie seit Immanuel Kant vollziehen die Kant-kritischen Hegelianer Ludwig Feuerbach und Karl Marx ganz gegen dessen Absichten – eine weitere Ironie in der Geschichte der modernen Religionskritik. Deren schärfste bleibt die, dass sie ihren Gegner nicht loszuwerden scheint, weil sie ihm genetisch zu viel verdankt.

Argumentativ stützt sich die moderne Religionskritik vor allem auf das bereits angesprochene Projektionsargument, entfaltet es aber in unterschiedlichen Stoßrichtungen:

Feuerbach:	Die Götter sind Illusionen, die aus den Wünschen des Menschen entstanden. Der Mensch glaubt an einen Gott als die Vollkommenheit,

die er sich wünscht und nicht anders als in der Vorstellung eines entsprechenden Absoluten finden kann. Gott ist das nach außen gewendete Wesen des Menschen.

Marx: Religion verhilft zur Verarbeitung des konkreten menschlichen und also gesellschaftlichen Elends. Religion ist Ausdruck dieser Situation, indirekter Protest dagegen, beschwichtigt aber auch über sie hinweg, indem sie aufs Jenseits vertröstet.

Freud: Der personalisierte Gott ist ein überhöhter Vater und der religiöse Glaube Ausdruck eines Vaterkomplexes – mit anderen Worten eine kindliche Illusion.

Nietzsche: Religion – und zumal das Christentum – ist lebensfeindlich. Der moderne Mensch hat Gott „getötet“, und an seine Stelle ist der Nihilismus getreten – die Einsicht, dass es keinen absoluten Sinn und kein Ziel gibt.

Analytische Sprachphilosophie: Gott ist kein Wort, dem im Bereich empirischer Erfahrung etwas entspricht. Die Rede von Gott ist insofern sinnlos, als sie unüberprüfbar bleibt.

Für die klassische Religionskritik ist der Vorgang der Projektion nicht nur deshalb bedenklich, weil er dem Menschen eine Illusion vorführt, sondern weil sich diese Illusion zwischenmenschlich negativ auswirkt. Es geht nämlich in der Menschenliebe nicht um den Menschen, sondern um Gott. Der Mensch wird entwertet. Er wird zur Funktion am Gottesglauben.

Diese Verhältnisse sind umzukehren. Die Kraft des Projektions-Arguments gründet dabei weniger in seiner theoretischen Schärfe, sondern vielmehr in der unmittelbaren Evidenz der Aufdeckung menschlicher Wunschverhältnisse.

Letztlich muss es wie folgt lauten: Die exakte Entsprechung von Wunsch und Religion macht es wahrscheinlicher, dass der Mensch sich seinen Gott als Erfüllungsgehilfen geschaffen hat, als dass es tatsächlich eine transzendente Wirklichkeit gibt, in der sich seine Bedürfnisse auf diese Weise realisieren.

Aufschlussreich ist hierbei Folgendes:

(1) Vorausgesetzt wird die von dieser Wirklichkeit erfahrungstheoretisch abgeleitete Gewissheit, dass die menschliche Bedürfnisstruktur und seine Erfüllung eher unwahrscheinlich zueinander finden.

(2) Gesetzt wird damit zugleich die Annahme, dass sich Wirklichkeit auf die empirisch erfahrbare Realität beschränken lasse. Diese Hintergrundannahme wird seit dem Positivismus Auguste Comtes (1798–1857) zu einem beherrschenden philosophischen Konzept, das sich letztlich durch alle religionskritischen Ansätze der Moderne bis hin zum Einspruch der Analytischen Philosophie durchzieht.

(3) Das Funktionsargument macht von einem religiösen Konzept Gebrauch, das theologisch nicht unhinterfragt gelten kann. Denn Gott lässt sich niemals einfachhin auf die Bedürfnisse des Menschen reduzieren. Im Gegenteil: Die paulinische Rede von der Torheit des Kreuzes (1 Kor 1,18–31) kritisiert die menschlichen Erwartungen an das, was einen letzten Sinn bedeuten könnte.

(4) Damit wird der Blick nochmals auf das eigentliche Argument gelenkt. Dass etwas nur deshalb nicht sein könne, weil es zu sehr unseren Hoffnungen entspricht, taugt als Beweis kaum. Mit einem polemischen Bonmot des Religionsphilosophen Jörg Splett: *Muss eine Medizin bitter schmecken, damit sie hilft?* Darüber hinaus unter-

schätzt der Projektionsvorwurf die kritische Kraft der Träume und Hoffnungen, die gesellschaftliche Wirklichkeit erschüttern und nicht zuletzt theologisch die Theodizeefrage erst zu stellen erlauben.[12] Hier wird das religionskritische Potenzial von Religion übersehen, das menschliche Hoffnungen und Sehnsüchte ernst nimmt, ohne sie zu vergötzen.

Dennoch sind die verschiedenen religionskritischen Ansätze insofern theologisch aufzunehmen, als immer wieder neu danach zu fragen ist, wo unsere Wünsche unser Gottesbild bestimmen. Wo Gott auf unseren Begriff von Gott gebracht wird. Wo Gott zum Lückenbüßer unserer Erwartungen wird. Die von Hans Waldenfels erwähnte Spannung im Gott-Mensch-Verhältnis ist als solche festzuhalten. Ihre einseitige Auflösung in anthropozentrischer Wendung, aber auch die immer wieder drohende theologische Unterbietung ihrer *Menschlichkeit* zu kritisieren, dazu verhilft nicht zuletzt die moderne Religionskritik. Hierin liegt ihre theologisch bleibende Bedeutung.

2. Die neue Brisanz eines alten Themas

Schwierigkeiten mit dem Thema „Religion"

Vor einigen Jahren adressierte das Feuilleton der FAZ an verschiedene Wissenschaftler und Intellektuelle die Frage, welche Fragen verschwunden seien.[13] In Zeiten so komplexen wie vergänglichen Wissenswachstums bedarf es offensichtlich einer Orientierung im Wissen, die zumindest darüber verständigt, womit man sich nicht länger belasten muss.

An den eingegangenen Antworten erscheint aus religiös interessierter Sicht zweierlei besonders aufschlussreich: zunächst einmal, dass die Lust am Fragen jene bleibende Unruhe behält, die religiöser Ansprechbarkeit wenigstens Raum lässt. Und zweitens fällt auf, dass sich bei einigen der Autoren noch „metaphysische" Bodenstoffe finden lassen, die sich selbst anders sehen. Die Fragen nach einer letzten theoretischen Einheit, nach dem inneren Warum, nach dem Lebensgrund, auch nach Bedeutung und Sinn – sie werden (zumal von Physikern) hartnäckig aufgeworfen. Anonym verbirgt der Ungenannte und Unnennbare in den letzten Fragen seine Gegenwart.

Aber – weder Sein Name noch die Frage nach Gott tauchen im Katalog auf. Die Antwort auf die Ausgangsfrage wird ohne Nachdruck, unthematisch und doch höchst präzise gegeben: Die Frage nach Gott stellt sich nicht. Nicht für das notwendige Vergessen und erst recht nicht in der kritischen Erinnerung eines widerständigen Trotzdem. Dennoch ist da etwas – das Fragen selbst. Seine Unabschaffbarkeit. Und die damit verbundene Spannung bleibt.

Dies ist weder nebensächlich noch zufällig. Spannungen sind zumindest dem jüdisch-christlichen Gottesdenken von allem Anfang eingeschrieben:

- in der entscheidenden Gottes-Begegnung des Mose: Offenbarung ereignet sich im Dornbusch, der brennt und doch nicht verbrennt (Ex 3,2);
- in der Namensgabe des Unnennbaren, der sich tautologisch entzieht („Ich bin der ich bin“: Ex 3,14);
- im christologischen Grunddogma der Kirche: Hier wird von den beiden Naturen Jesu Christi in der äußerst denkbaren Spannung gesprochen: Ungetrennt und unvermischt, so das Konzil von Chalkedon (451), seien sie nur zu erkennen.

Eckhard Nordhofen zieht aus dieser Theo-Logik den entscheidenden Schluss:

> „Das eigentlich Neue am Monotheismus der jüdischen Aufklärung ist sein *privativer* Charakter. Die Durchmusterung der entscheidenden Offenbarungserzählungen ergibt regelmäßig, dass der, der sich offenbart, ein verborgener Gott, ein Deus absconditus, ist. Wenn von seiner Anwesenheit die Rede ist, dann ist diese Präsenz eine, die sich verhüllt. Dabei gehen die biblischen Erzähler oft bis an die Grenze des erzähllogisch Möglichen. Der Widerspruch wird bewusst inszeniert und installiert, das ist das Prinzip der Wunder- und Offenbarungsgeschichten.“[14]

Von daher kann es nicht wundernehmen, dass Religion immer wieder spannungsreich aufgefasst wird; dass sie in solchen Begegnungen gelebt wird und widersprüchlich auftritt. Dies nicht zuletzt deshalb, weil sie in den Widersprüchen der wirklichen Welt von der Wirklichkeit nicht nur dieser Welt zeugt. Ohne diesen Widerspruchscharakter unterböte sie den eigenen Anspruch. Und ein Zuwenig an Spannungen in der religiösen Szene der Gegenwart müsste verdächtiger und beunruhigender erscheinen als jene Bestandsaufnahme, die eben grundlegende Spannungsverhältnisse im religiösen Bewusstsein entdeckt.

Dabei ist eine weitere Folgerung zu beachten, die sich aus dem angegebenen jüdisch-christlichen Verweisungszusammenhang theo-logischer Spannungsverhältnisse ergibt. Religion hat es nicht nur als Objekt mit Kritik zu tun, sondern ist immer auch ihr Subjekt. Das Unfassbare auf dem Grund der prekären Selbstmitteilung Gottes fragt nach der Gültigkeit von Gottesbildern und Wirklichkeitsmustern. Religion ist biographisch bewegend und intellektuell beunruhigend. Sie fordert zur Überprüfung von Orientierungen auf, deren Plausibilität vorbehaltlich bleiben. Jüdisch-christlich ist hier an den eschatologischen Treibsatz jeder Gottrede zu erinnern: an Gottes Gottsein, das sich uns erst am Ende der Zeit letztgültig erschließt. Kritik ist also religiös umfassend im Spiel.

Dies gilt zumal für die Überprüfung des religiösen Zeitgeists. Was man hier findet, ist vieldeutig, widersprüchlich, beunruhigend, kaum aber langweilig – immerhin. Man hat dem Religiösen schon anderes nachgesagt. Zum Beispiel den bevorstehenden Tod.

Friedrich Nietzsches christentumskritisches Wort von der „unsterblichen Unvernunft“[15] bewegt sich in diesem Bildfeld. Dabei ist christlich festzuhalten, dass in die Religionskritik Formen der eigenen Selbstverständigung eingegangen sind. Die Rede vom „Tod Gottes“ wird in der Theologie und Liturgie des Karsamstags anders, aber nicht weniger radikal aufgefasst. Damit macht sich ein Grundzug von Religion bemerkbar. Sie hat eine umfassende Deutungskraft. Sie erlaubt es, noch mit Gegenbewegungen ins Gespräch zu kommen.

Freilich ergeben sich von hier aus auch erhebliche Schwierigkeiten in der Gegenwart. Dass Religion sich auf schier alles zu beziehen versteht, dass sie nahezu unbeschränkt einmischungsfähig erscheint, macht sie einerseits verdächtig und andererseits verunsicherungsanfällig. Das gilt verstärkt, wenn genau diese Kompetenz nicht mehr gefragt ist. Schlimmer noch: wenn sie gefragt wird, aber nicht wirklich gehört.

Dass dies für das westliche Christentum zutrifft, ist in den aktuellen ethischen Debatten – z. B. um die neuen Biowissenschaften – schmerzhaft zu erfahren.

Das schillernde Bild des Religiösen, die Schwierigkeit, das Phänomen festzulegen, ist indes noch zu präzisieren. Religion wird zunehmend zum Adressaten des Unmöglichen, gesellschaftlicher Probleme, gegensätzlicher Erwartungen. Verlangt werden zeitgeistsichere Anpassungsbereitschaft *und* Profilschärfe, eine vermittlungsfähige Botschaft *und* eine unverwechselbare Identität. Dass diese Forderungen zeitgleich erhoben werden, paradoxal unvermittelt (z. B. in den Auseinandersetzungen um die Schwangerschaftskonfliktberatung), wird zum Ausdruck von Werteproblemen, die dort nach oben drängen, wo Religiöses versandet. Kardinal Ratzinger hat verschiedentlich darauf hingewiesen, dass in der Charta der europäischen Grundrechte jeder religiöse Bezug fehle. Einerseits wird Religion hier, wie Hans Waldenfels festhält, „zur Privatsache" abgestuft.[16] Andererseits werden von denselben politisch Verantwortlichen die religiösen Vertreter eingespannt. Man verlangt Antworten etwa in den Entscheidungen zur Gentechnik, die man zugleich nicht hören mag. Man erwartet eine ethische Grundbildung, z. B. im Rahmen des Religionsunterrichts, und verspricht sich davon Problemabfederungen in Zeiten neuer Völkerwanderungen – auch in Sachen Sinn und Orientierung.

Wo Religion heute vorkommt, ist sie zunehmend vielgestaltig wahrzunehmen. Auch das hat seinen guten Grund im Spektrum, das sie abdeckt, und nicht zuletzt in den eigenen Definitionsproblemen, die dem ein anderes Gesicht geben. Es gibt keine allgemeingültige Bestimmung von Religion. Wenn sie im vorliegenden Text auf einen transzendenten Grundzug vereidigt wird, und zwar *formal* (im menschlichen Grundvorgang der Selbstüberschreitung) wie *inhaltlich* (im Bezug auf ein „Mehr als diese Wirklichkeit"), dann verantwortet die breite Auffassungsgabe des Religiösen zugleich die Zerstreuungen des Phänomens mit.

Ohne dass Nietzsche dies im Blick gehabt hätte, macht sich die Überlebensfähigkeit des Religiösen gerade an dieser gespannten Deutungsmacht fest. Anders als religionssoziologisch gerne verordnet, bietet Religion nämlich nicht nur eine Reduzierung von Komplexität, also eine Möglichkeit zur Verarbeitung von Problemen der Lebenswelt, sondern sie macht die Wirklichkeit nicht selten schwieriger. Das liegt daran, dass sie sich nicht auf nur einen Blick und eine Gestaltungsoption beschränkt. Nur weil – und wenn – sie beides leistet, kann sie gesellschaftlich in den (post)modernen Lebenswelten mit ihren Ungleichzeitigkeiten bestehen. Religion fordert nämlich zu Mehrsprachigkeit und geistiger Mobilität heraus, weil unterschiedliche Anforderungsprofile miteinander kombiniert werden müssen, und zwar nicht nur gegensätzlich: Stress *und* Stille, Macht *und* Ohnmacht. Religion macht nichts einfach hin leichter, nicht einmal für die verschiedenen religiösen Fundamentalismen, die mit anderen herausfordernden Standards versehen sind. Wer so glaubt, ist noch nicht wirklich ins Gebet genommen worden. Religion macht die Wirklichkeit anspruchsvoller. Und sie markiert ihre Konfliktzonen, ihre Widersprüche, ihre Leerstellen; sie bringt sie nicht zum Verschwinden.

Ein Beleg in der Sache ist in der religiösen Mehrsprachigkeit des boomenden Allerwelts-Synkretismus zu sehen, wie sie Jugendliche lernen. Aus verschiedenen Kulturen wird der Religions-Cocktail gemixt, nicht selten aus unverträglichen Theoriebestandteilen. Was das Leben entlasten soll, bleibt von erheblicher Komplexität. Die von Hans-Joachim Höhn beschriebenen religionsproduktiven Kräfte der Gegenwart[17] können aus dem bezeichneten Grundzug des Religiösen gespeist werden, der gerade das Auseinanderdriftende aufzunehmen und auszudrücken vermag.

Die entsprechende These lautet:

Religion heute verspricht eine Komplexitätsreduzierung und -steigerung gleichermaßen. Andernfalls hätte sie nichts mit unserer Lebenswelt und der existenziellen Grundwirklichkeit des Menschen zu tun.

Zum Beispiel verbindet sie die Erfüllung bestimmter Funktionen mit der Außerkraftsetzung des Paradigmas „Funktion", indem sie es überschreitet – gleichsam „ungetrennt" und „unvermischt", in Bestätigung jener gespannten Theologik, die sich im jüdisch-christlichen Gottesbild vermittelt. Religion ist nicht bloße „Kontingenzbewältigung" (H. Lübbe), sondern zunächst Feststellung von Kontingenz. In dieser Funktion „wird Kontingenz weniger bewältigt als vielmehr erinnert."[18]

Zur Gegenwart von Religionskritik und Christentumsopposition

Christentumskritik begegnet gegenwärtig als die konkrete Fassung eines religionskritischen Gesprächs, dessen wesentliche Argumente theoretisch abgetauscht erscheinen. Auch wenn das nur bedingt gilt – die praktische, unmittelbare Auseinandersetzung tritt mehr und mehr an die Stelle der weltanschaulichen Auseinandersetzung. Das Christentum magnetisiert westlich die kritischen Strömungen. Selbst die Fundamentalismusfrage, politisch mit dem Islam verbunden, findet sich verstärkt in der Anfrage an die gesellschaftliche Rolle und Legitimität christlicher Positionen und ihrer Ansprüche wieder.

Der uneindeutige Standort des Christentums in der Gegenwart arbeitet dem zu. Einerseits finden sich westlich deutliche Schwundzeichen (quantitativ: Kirchenaustritte; qualitativ: Glaubensauflösung und zunehmende Unansprechbarkeit gerade von Jugendlichen und jungen Erwachsenen), denen durch einzelne spirituelle Neuanfänge (Neue geistliche Bewegungen), soziale Engagements an den kirchlichen Rändern (Hospizbewegung; wesentlich von Christen mitgetragene, aber weltanschaulich neutrale Gruppierungen) und kirchliche Erneuerungsversuche (Konziliarer Prozess, Kirchenvolksbegehren) im westlichen Kulturraum nicht entscheidend entgegengewirkt werden kann. Andererseits wachsen die jungen Kirchen der zur Dritten erklärten Welt und setzen ein Kontrastsignal. Dem Verlust an religiösem Boden stehen die bleibenden Marktanteile entgegen, nicht zuletzt institutionell vielfältig präsent (Kindergärten, Schulen, Krankenhäuser). Von daher kann sich eine religionskritische Perspektive nicht auf die Erledigung des Phänomens Religion bzw. des Christentums verlassen.

Sofern das Christentum etwa in Deutschland nach wie vor seine Interessen zur Geltung bringt, kann sich Religionskritik auf die konkreten Angriffsflächen beziehen, die das Christentum in Geschichte und Gegenwart bietet. Dabei hat sie auf unebenem Gelände zu operieren. Wenn nämlich in der Gestalt des Christentums die Religion überhaupt verabschiedet werden soll, hat die aufgeklärte Vernunft ihre eigenen Problemüberhänge im Rücken. Auch sie leidet am Unabfindbaren, an Schuldanteilen. Gerechtigkeitsfragen ökologische Problemstellungen zeigen dies hinreichend deutlich. Die Vernunft kommt an ihre Grenzen. Sie löst nicht alles und vor allem nicht alles *richtig*.

> „Offensichtlich ist die Moderne zur Vollendung ihrer Projekte auf andere Kräfte angewiesen, als sie Technik und Wissenschaft zur Verfügung stellen. Sie lebt von Voraussetzungen, die sie nicht garantieren, und von Inhalten, die sie nicht hervorbringen kann. Es gibt offenkundig technisch Unableitbares, ökonomisch Unverrechenbares und politisch Unverfügbares, dessen Missachtung moderne Gesellschaften um ihre Zukunft bringt. Offensichtlich gelingt es der neuzeitlichen Wissenschaft nur, im Umgang mit der Welt stets die ‚halbe Wahrheit' ans Licht zu bringen."[19]

Diese Situation trifft die religionskritische Perspektive nicht nur hinsichtlich ihrer eigenen vernunftkritischen Reflexion, sie holt sie auch als ein Unbehagen an der Moderne ein, das sich u. a. in neuen religiösen Strömungen (Sekten, Esoterik etc.) Ausdruck verschafft. Religionskritik hat sich in diese unübersichtliche Situation hineinzufinden – und zu verarbeiten, dass strukturell Überholtes nie ganz überholt war und nun in einer Weise boomt, die den *theoretischen* Angriff verpuffen lässt.

Eine religionskritische Verarbeitungsweise hebt nun auf die gesellschaftliche Funktion von Religion ab. Was als Arznei verschrieben wird, daran mag man freilich selbst nicht recht glauben. Religion soll einen Nutzen haben, weil sie hilft, mit Krankheit und Tod klarzukommen. Sie trägt gesellschaftlichen Nutzen. Man sollte sie nicht abschaffen. Unausgesprochen schwingt jedoch Naivität als Einwand mit. Wer glauben kann, soll es halt.

Aufschlussreich ist, dass erneut das streng rationale Kriterium der Nützlichkeit eingesetzt wird. Die religionskritische Perspektive setzt sich hier insofern durch, als Wahrheitsansprüche ausgeblendet werden. Sind sie erst einmal ausgegliedert, können sie auch ganz wegfallen, wo anderes, gegebenenfalls auch weniger Anspruchsvolles, zu Gebote steht. Man soll glauben, was man glauben will. Ernstzunehmen ist es ohnehin nicht. Dies ist ein unausgewiesener, indirekter Weg *pragmatischer Religionskritik*, der nicht als offizielle Strategie begegnet, aber bis auf den Bohrgrund funktionalistischer Religionsfreundlichkeit reicht.

Die Verlagerung des religionskritischen Impulses: Vom theoretischen Streit zur gelebten Distanzierung

Wer heute von Religionskritik spricht, denkt in aller Regel an das 19. Jahrhundert. Der Projektionsvorwurf, vielfach variiert, ist auf den verschiedenen Linien dieser Kritik der beherrschende Gedanke. Er verlängert sich, wie gezeigt, rückwärts über die Aufklärung bis zu Xenophanes und verbindet sich von anderer Seite thematisch mit den ersten Theodizeefragen, die seit dem 3. Jt. v. Chr. im altorientalischen Raum ihre kritische Rolle spielen: Kann es einen Gott angesichts des Leids der Welt überhaupt geben? Diese zentrale religionskritische Frage wird noch ausdrücklicher zu besprechen sein. An dieser Stelle ist sie aber als ein Leitmotiv gerade auch *praktischer* Infragestellung religiösen Glaubens festzuhalten.

Vor diesem Hintergrund müsste es verwundern, wenn gerade mit der Gegenwart die einfallsreiche Geschichte religionskritischer Vernunft ihre beunruhigende Kraft verloren hätte. Wer so fragt, scharfsinnig attackierend und gelegentlich bis zur Blindheit überzeugt, kann kaum nachlassen, ehe der Gegner nicht aufgegeben hat.

Dass der nicht recht will, zählt zu den Sonderbarkeiten eines Jahrhunderts, das religiöser Sensibilität und theologischer Reflexion das Äußerste aufgegeben hat. Seine Geschichten scheinen allem Glauben an einen Gott grundlegend entgegen, seine Katastrophen der Menschlichkeit, die Einbrüche des Menschenmöglichen. Auschwitz leiht dem den vielleicht schrecklichsten Namen. Gerade Religionskritik verbietet hier theologisch, die ersten Gebote des Dekalogs zu vergessen: Gott ist der eine, neben dem es keinen anderen, keine Götzen geben kann und den kein Bild erreicht (Dtn 5,6–11). Solange es Theologie gibt, muss es ihre Kritik aus deren ureigenem Impuls heraus geben.

Und unsere Gegenwart ist, wenn auch nicht im allgemeinen Bewusstsein, von einem außerordentlichen Reichtum religionskritischer Positionen und Argumente besetzt. In dieses Feld ordnet sich auch die religiöse Kritik des Religiösen ein: an seinen Fehlformen, an seinem Leichtsinn, an eigener Gottesvergessenheit. Die wiederum hat sich schon deshalb nicht aufs Ganze gesehen durchgesetzt, weil die

Religionskritik vielgestaltig genug den Namen Gottes und seine Chiffren erinnert. Da besteht eine alte und nicht selten widerwillig betriebene Beziehung; kein Arrangement, sondern Verwandtschaft. Jüdisch-christlich ist Religion selbst Kritik. Mit einem Wort Joseph Kardinal Ratzingers: „Im Christentum ist Aufklärung Religion geworden und nicht mehr ihr Gegenspieler."[20] Die Kritik der Religion findet daran nicht vorbei.

Umso schärfer droht sie bisweilen zu werden, weil sie eben nicht loswird, was intellektuell bereits nach dem Urteil Nietzsches für die „Erkennenden von heute"[21] erledigt schien. Wenn gut hundert Jahre später möglicherweise auch kein „Nachholbedarf an Religionskritik … besteht"[22], sogar das Ende der Religionskritik eingeläutet wird[23], so ist gerade deshalb mit allem Ernst eine neue Aufmerksamkeit für die Spielformen und die Wirkmuster von Religionskritik heute gefordert. Theologie ist hier auf eine Empfindsamkeit verpflichtet, die ihre Fähigkeit zu Dialog wie Auseinandersetzung fordert. Der gegenwärtige Einspruch gegen das religiöse Bewusstsein ist nicht tiefsinniger, wohl aber unterschwelliger angesetzt als die Tradition, der er entstammt.

Die religionskritischen Bescheide ergehen dabei höchst unterschiedlich:

- theoretisch grundsätzlich;
- auf eine besondere Religion bezogen: z. B. kulturkritisch (Literatur, Film) oder historisch veranschlagt gegen das Christentum; im Fundamentalismusvorwurf mit all seinen politischen Implikationen etwa gegen den Islam gerichtet;
- pragmatisch in den Spielformen politischen, medialen oder einfach lebensweltlichen Distanzierungsverhaltens.

Gerade diese letzte Fassung gewinnt an Bedeutung und Einfluss. Mentalitätsgeschichtlich bestimmender als die religionskritischen Diskurse erscheint Folgendes: Man eignet sich schleichend religiöse Gehalte an, indem man sie in andere Programme umschreibt. Werbung geht so vor. Religiöses wird nutzbar gemacht, ohne die religiösen Inhalte ernsthaft zu verarbeiten. So nimmt die Politik religiöse Zeichensysteme auf und verfremdet ihre Bedeutung im Dienst der eigenen Sache.

> „In verschwommener religiöser Sprache werden ein Grundkonsens oder verbindliche Werte beschworen. Religiöse Symbole werden politisch instrumentalisiert, um sich im Kampf um Machtchancen oder zur Durchsetzung von Interessen den Vorteil des moralisch Überlegenen zu verschaffen. Nicht nur die postmoderne Religion vieler Individuen, sondern auch diese neue öffentliche Religion ist diffus, synkretistisch und wabernd."[24]

Hier ist etwas von der religionsproduktiven Aura der Gegenwart zu spüren, freilich ohne ausdrücklich religiösen Wahrheitsanspruch. Das Säkulare verbraucht das Transzendente.

Politik, und zwar besonders jene, die sich offiziell religiöser Gehalte versichert und sich zunehmend selbst religiös inszeniert, ist schon deshalb religionskritisch, weil sie sich Religion in der Sache vom Leib hält. Solche und andere Einfälle *distanzierender* Religionskritik verdienen besonderes Interesse, weil sie zunehmend selbstverständlich werden. Sie sind in die allgemeine Wahrnehmungsform eingezogen.

3. Gegenwärtige Konstellationen

Religion in postmodernen Zeiten

Postmoderne – das meint nichts Einheitliches. Der Begriff ist so vielschichtig angelegt und wird so unterschiedlich gebraucht, dass er indirekt überträgt, was sich gedanklich mit ihm verbindet: ein radikaler Pluralismus. Theoretisch wird er von einer Denkform bestimmt, die in besonderer Weise die Differenzen ausarbeitet, wie sie sich ökonomisch, soziologisch, politisch, kulturell, kurzum: lebensweltlich bestimmend in den westlich entwickelten Gesellschaften feststellen lassen. Alles, was ist, ist im Unterschied. Nichts lässt sich auf einen Nenner bringen. Es gibt keinen universalen Wertehimmel, nicht die eine Überzeugung, die alle eint und aus der sich einheitliche Konzepte zur Gestaltung unseres Lebens ableiten lassen.[25]

Unter postmodernen Lebensbedingungen eines nachdrücklich ausgezeichneten Pluralismus erhält Religion neue Spielräume. Als eine Option unter anderen hat sie ihren Ort und ihr eigenes Existenzrecht. Pluralistische Toleranz schließt sie ein, solange sie sich selbst wiederum pluralismusfähig erweist. Und genau hier eröffnen sich Konfliktfelder, etwa wenn sich starke religiöse Ansprüche aus dem Innenbereich im gesellschaftlichen Bezug entwickeln. Der Pluralismus setzt einen Überzeugungsrahmen, der Kritik am Monotheismus einschließt. Dieser steht nämlich im Verdacht, alles andere auf sich selbst zurückzuführen, es letztlich zu absorbieren. Der eine Gott wartet im Hintergrund und schafft, erklärt, erlöst, beendet alles. Nichts entgeht ihm. Man wittert den Terror des Einen und des Eindeutigen und findet die Gewalt, die sich religiös – durchaus nicht nur „fundamentalistisch“ (übrigens religiös ein pluralistisches Phänomen!) – immer wieder entlädt. Als religionskritische

Sonderform kann dann das „Lob des Polytheismus“[26] angestimmt werden:

> „Es ist fällig, gegenüber der schlechten Fortsetzung des Monotheismus durch Monomythie einzutreten für die modernen Geschichten im Plural – die historischen und ästhetischen – und in diesem Sinn für einen aufgeklärten Polytheismus, der die individuellen Freiheiten schützt durch die Teilung auch noch jener Gewalten, die die Geschichten sind.“

Religionskritik ist von daher auch in den verschiedenen religiösen Neuaufbrüchen zu sehen, die sich als Gegenentwürfe zu bestehenden Gemeinschaften und religiösen Systemen etablieren. Theoretisch oft unausgearbeitet, machen sie auf einen besonderen Umstand aufmerksam: Religionskritik ist vor allem in ihren verschiedenen Praktiken von Belang. Pragmatische Religionskritik greift unterschiedlich ein:

- in der Funktionalisierung von Religiösem, z. B. durch Werbung und Politik;
- in demonstrativer Distanzierung (z. B. der Verzicht auf eine religiöse Akklamation beim Amtseid, bei offiziellen Gelegenheiten);
- in privat gelebter Teilnahmslosigkeit oder entschlossener Abstandnahme (Kirchenaustritt);
- im Abschied von religiös geprägten und begründeten Wertevorstellungen.

Beispielhaft werden im Folgenden Modelle religionskritischer Pragmatik vorgestellt.

Werbung als religionskritisches Muster

So unauffällig wie wirkungsvoll entwirft Werbung eine ganz neue Form der Religionskritik. Nach den umfassenden Säkularisierungsprozessen der Moderne waren zunehmend auch die religiösen Inhalte und Formen für den Markt freigegeben. Dass Religion von Nutzen sei, diese These des Religionsfunktionalismus wurde fortan vom modernen

Marketing neu definiert. Man setzt das Religiöse ein, um auf einfallsreichste Weise von seinen Botschaften zu profitieren.

Damit ist die Vermarktung von Religion im Zusammenhang des *Kapitalismus als Religion* zu sehen. Nach Walter Benjamin dient er nämlich „essentiell der Befriedigung derselben Sorgen, Qualen, Unruhen, auf die ehemals die so genannten Religionen Antwort gaben".[27] Werbung zieht daraus die eigenen strategischen Konsequenzen. Sie spielt mit den grundmenschlichen Bedürfnissen nach Sicherheit und Sinn und Glück und der Erfüllung von Hoffnungen, die ins Seelische reichen, wie sie das Materielle einschließen. Der Götze „Markt" ist dabei selbstverständlicher Rahmen. Er zieht in seiner unbefragten Evidenz die Plausibilität des Religiösen an sich und entsorgt es zugleich, indem er es aufbraucht.

Das geschieht aufregend unspektakulär. Werbung verwendet religiöse Sprache und bringt ihre inhaltlichen Bezüge zum Verschwinden, während sie *der Form nach* gefeiert werden. Ein beliebtes Motiv: *Schöpfung*. Sie behält einen Zug ins Unfassbare, sie bleibt wunderbar. Aber dies Wunder wird herstellbar. „Mineralöl macht Wunder", wirbt die deutsche Mineralölwirtschaft.[28]

Die Liturgien des Marktes mit ihren – wörtlichen wie übertragenen – *Messen* schaffen eigene Zeremonien und kreieren neue symbolische Sinnbilder. Eine eigene Aura wird geschaffen, eine Art Realpräsenz des Produkts im Bild, das hier nicht zu *begreifen* ist, das aber anspricht. Mit der Präsentation geht die Selbststilisierung der Branche einher. Man transportiert Wahrheitsansprüche von der Art, dass die besten Werte steigende Werte seien. Und man findet auch sofort den notwendigen Adressaten: Die Daimler-Benz-Aktie kann in Zusammenarbeit mit der Deutschen Bank „Werte schaffen".[29]

Indem Werbung religiöse Selbstdarstellungen aufgreift, setzt sich die Ästhetik eines anderen „Glaubens" durch. An die Stelle der Kathedralen treten die modernen Bürotürme. Sie stehen für das, was Religion beansprucht. Längst ist nicht mehr Gott Garant dafür, „dass die Welt im Innersten zusammenhält".[30] Das erledigt die Heidelberger Zement AG, und was sie grundgelegt hat, kann bis zum Himmel wachsen. Fundamentaler ist dann nur noch eins: die Dresdner Bank, die nicht nur die Anzeige unterschreibt, sondern bildlogisch wie finanziell allem Grund gibt. Entsprechend gilt nicht mehr „Gott", sondern „Kat sei Dank".[31] Das Wortspiel geht zunehmend aufs Ganze und hat seinen eigenen Ernst. Werbung praktiziert hier, was ihr ureigener Mechanismus ist: Sie tauscht.

Ein genaues Bild lieferte vor einigen Jahren eine Anzeige von Renault.[32] Der Blick geht auf den Innenraum einer Kathedrale, mit der Betrachterperspektive betritt man das Kirchenschiff. Seine Höhe und Tiefe erschließen Freiheit, die im heller nach oben schießenden Licht nicht einmal durch das Gewölbe begrenzt zu sein scheint. Dieser Raum bietet – im Sinne des Werbetextes – „Platz für neue Perspektiven". Deren Fluchtpunkt ist die wörtliche Orientierung des geosteten Chorraums, der mit roter Farbgebung den Blick anzieht. Im Dunkel bleibt das Allerheiligste, auf das sich das Bild letztlich richtet. Es kommt nicht vor, wie das Produkt selbst fehlt. Genauer: Es ist nur als und *in der Schrift* da – eine kaum zufällige Konstruktion. Exakt über dem Altar (und dem zu vermutenden Tabernakel) als Ort realer Gegenwart des Heiligen setzt der graphische Einschnitt an, der in die Architektur des Bildes den Namen des Wagens setzt: „Ein Renault". Er gibt dem Ganzen erst Sinn. Sonst bliebe unverständlich, nicht nur, für was geworben wird, sondern auch die spezifische Vermittlung des Raumgefühls. Und so kann grundsätzlicher gelten, was die Unterschrift der Kampagne leistet: „Kreativität macht Sinn". Das Spiel mit dem Sakralen erhält von hierher seine besondere Note. Und die Form schafft eine Abhebung vom bespielten Inhalt, vom Allerheiligsten selbst. Sein Raum ist in ein anderes Heiligtum ausgewandert: ins Automobil. In seiner aufwändigen Bewerbung wird mit dem Drang nach Bewegung die Lust am Unendlichen formatiert. Was sich radikal selbst bewegt (Auto-Mobil), belebt nicht nur die Wünsche des Konsumenten, sondern bietet versteckt einen Platzhalter für einen alten Gottesbegriff – Gott als unbewegter Beweger oder *causa sui*.

Werbung inszeniert auf dieser Linie die Ware als Fetisch – worauf Karl Marx ausdrücklich hinwies.[33] Mit dem Übergang ins beinahe Magische begibt sie sich aber auch auf älteste religiöse Spuren. Zugleich ist darin eine ironische Distanzierung des Religiösen zu beobachten: Man kann das alles nicht mehr recht ernst nehmen. Engel tauchen auf[34], Nonnen in erotischen Jeans.[35] Und so drängt sich eine Nebenbotschaft auf: In den werbenden Spielen mit dem *Hintersinn* werden Modelle einer Verabschiedung ernsthafter Wahrnehmung religiöser Vorstellungen angeboten.

Letztlich ist es die Distanz der Perspektive, mit der man Religiöses in Werbung belegt, was die eigentliche Kritik durchführt. Religion darin droht in dem Maße zu verschwinden, wie Schwundmuster zur Logik von Reklame gehören. Werbung setzt auf das vollständige Vergessen. Das Beste aus eigener Produktion wird so schnell vom Nächstbesten überholt, dass die Anschaffung dem Anspruch des Produkts nur reserviert gegenüberstehen kann. Erinnerungslosigkeit wird postuliert, pure Jetzt-Zeit. Gegen diese Denkform meldet christlicher Glaube seine Vorbehalte an:

- gegen bloßes Funktionsdenken: d. h. gegen eine ökonomisch vereinseitigte Vernunft des Ge- und Verbrauchs, die den Menschen um seine Menschlichkeit bringt, weil sie ihn aufs Funktionieren reduziert und nach Kosten berechnet;
- gegen Erinnerungslosigkeit: d. h. gegen eine konsumistische Vernunft des schleichenden Gedächtnisverlusts, dem in den Ersatzformen offizieller Gedenktage, Anlässe

und Ausstellungen museal gegengesteuert werden soll, der aber zur bestimmenden Lebensform wird.

Das Christentum ist zur Erinnerung verpflichtet. Zur „gefährlichen Erinnerung“ (J. B. Metz) an Gott in seinen Geschichten und immer wieder in Gestalt des eucharistischen Gedächtnisses. Hier kann nicht nur von Spekulationen auf Glück und das Schöne die Rede sein, hier bleibt die Verheißung von Heil an die Erzählungen und Erfahrungen des Scheiterns und Leidens gebunden. Christlich ergibt sich angesichts der religionskritischen Implikate von Werbung die Forderung nach einer erinnerungsfähigen und deshalb kritischen Vernunft, die Aufklärung betreibt. Die muss Werbung scheuen, weil sie, einmal durchschaut, nicht mehr wirklich aufgeht.

Gesellschaftspolitische Dimensionen der Religionskritik

Geht man von den fortschrittsorientierten Erwartungshaltungen der neuzeitlichen Religionskritik aus, müsste Religion längst überwunden, zumindest aber entscheidender zurückgedrängt sein. Das ist nicht der Fall. Religiöses hat, aufs Weltganze gesehen, seine Lebenskraft nicht verloren. Deshalb hat sich auch Religionskritik nicht erschöpft. Ihre Herausforderung wirkt zumal im Verhältnis von Staat und Religion nach. Laizistische Modelle einer konsequenten Trennung stellen dabei vor politische wie theologische Probleme, weil Arbeitsteilung und Kompetenzüberschneidung zum gesellschaftlichen Alltag gehören. Das gilt besonders in ethischen Problemzonen. Konfliktfelder tun sich zur Genüge auf. Besonders prekäre Beispiele ergeben sich in Deutschland im schulischen Bereich, wo Staat und Kirchen eng zusammenarbeiten:

- Der *Streit um das Kreuz*: Ist es zumutbar, dass Lehrer und SchulerInnen unter dem Kreuz lehren und lernen, wenn es für sie nichts anderes ist als Ausdruck sadistischer Gewalt? Ist die Beeinflussung durch das Symbol einer Glaubensgemeinschaft auch für Nichtglaubende an staatlichen Schulen zulässig?

- Der (verfassungsrechtliche) *Streit um das Fach LER* (Lebenskunde, Ethik, Religion) und grundsätzlicher um die Legitimität eines an staatlichen Schulen eingerichteten Religionsunterrichts, der in der inhaltlichen Verantwortung der entsprechenden Religionsgemeinschaft liegt: Muss der moderne demokratische Verfassungsstaat sich nicht in allen Konsequenzen weltanschaulich neutral verhalten?

Die Zusammenarbeit des Staates mit den verschiedenen Glaubensgemeinschaften erscheint zunehmend problematisch. Schärfere Abtrennungen liegen im Trend der Zeit. Das aber wiederum hat Folgen für den Staat: Woher bezieht er seine Werte? Woher kommen ethische Entscheidungshilfen? Wie ist das Verhältnis von negativer und positiver Religionsfreiheit zu bestimmen?

Religions- oder auch konkret christentumskritisch wirken sich hier verschiedene Positionen aus:

(1) *Modell Trennung:* Die Forderung nach klarer Trennung der Bereiche, die Gott zu einer Sonderwirklichkeit ohne gesamtgesellschaftliche Geltung macht. Die Empfehlung Giscard d'Estaings, auf einen religiösen Bezug in einer zukünftigen europäischen Verfassung zu verzichten, agiert mittelbar religionskritisch, weil eine agnostische oder auch atheistische Position zugrunde gelegt wird.

(2) *Modell Abschaffung:* Auf dieser Linie geht der Versuch, bestehende religiöse Privilegien und Einrichtungen zu beseitigen, einen Schritt weiter. Die Grundhaltung ist aggressiver und kämpferischer.

(3) *Modell Beanspruchung:* Die politische Inanspruchnahme des Religiösen bzw. Christlichen. Hierzu zählt der Versuch, je nach politischer Situation die entsprechenden religiösen Legitimationsleistungen einzufordern.

Einen besonderen Fall im Gefüge dieser Positionen stellt die Auseinandersetzung um das Konzept „Menschenwürde" dar, wie es in seiner jüdisch-christlichen Grundlegung durch den Glauben an einen personalen Schöpfergott für den westlichen Kulturkreis herausgebildet wurde und bis in die Gegenwart hinein bestimmend blieb. Das hat sich durch die Herausforderung der neuen Bio-Wissenschaften geändert. Die neuen technischen Möglichkeiten, Leben zu schaffen und zu gestalten, entwickeln ein anderes Menschenbild. Der Mensch ist auf eine bislang nicht gekannte Weise verfügbar geworden.

Der Hinweis auf die Würde des Menschen, die jedem Zugriff eine Grenze zieht, und zwar durchaus nicht bloß im Sinne eines technischen Verbots oder radikaler Einschränkung, sondern als Orientierung über den Sinn menschlichen Lebens – dieser Hinweis wirkt mittlerweile beinahe museal verstaubt. Die Handlungsmöglichkeiten, die kommenden Lebens-, aber auch die ökonomischen Chancen erscheinen zu viel versprechend.

Darüber hinaus verfällt das Theorem „Menschenwürde" der Kritik. Philosophisch erscheint es lediglich als eine Interpretationsleistung des Menschen, als eine Art *common sense*, der auch wieder aufgegeben werden kann. Ob Menschenwürde angesichts dieses – philosophisch durchaus begründeten – Einspruchs anders als theologisch überhaupt noch zu halten ist, wird zu einer entscheidenden Zukunftsfrage besonders der demokratischen Gesellschaften, weil in ihnen die Sinnressourcen geteilter Werte besonders erschöpfungsanfällig erscheinen.

4. Eine Art Wasserstandsmeldung: Modelle literarischer Religionskritik

Der kulturelle Horizont

Wie sieht die kulturelle Situation des Religiösen heute aus? Eine erste These lautet: Dem Religiösen fehlt es zunehmend an kulturell produktiven Ausdrucksmöglichkeiten. Da ist eine Leerstelle. Genau darauf macht die literarische Religionskritik aufmerksam. Was ihr fehlt, ist das Gegenstück. Es scheint keine Sprache mehr zu geben, die nicht lächerlich wirkt, wenn der Name Gott fällt. Literarisch gespiegelt:

„Das Wort ‚Kirchenchorausflug' war schon schlimm genug; zum Glück habe ich nicht begonnen, von Gott selbst zu sprechen. Da wäre sie mir davongelaufen. Sie zitterte schon, dass ich, nur einen auf immer verwehrten Katzensprung von ihr entfernt, nun auch noch mit Gott kommen, (mit Gott anfangen würde), was ich ganz und gar nicht gemacht hätte, weil ich dies für unmöglich hielt. Aber Gabi hielt es für möglich, dass ich sie nun auch noch mit Gott quälen wollte. Aus Angst vor den Menschen, die dies alles hören konnten, beschwor sie mich, nun nicht auch noch mit Gott daherzukommen. Ja, sie hatte Angst, dass sie herüberschauen würden, als ob sie überlegten, die Polizei kommen zu lassen wegen Erregung öffentlichen Ärgernisses. Von Ficken hätte ich sprechen können, das war nun möglich, ein gesellschaftsfähig gewordenes Wort, nicht aber von Gott."[36]

Der *Zwang zur Ironie*, der bei Arnold Stadler zu spüren ist und weiter verweist von Thomas Mann bis Umberto Eco, macht diese modern gebrochene Sprachlosigkeit besonders deutlich. Entfernte Sehnsucht ist hier vielleicht noch zu spüren. Darüber hinaus: konsequenter Abschied. Damit ist die dominante Tonart im Umgang gegenwärtiger Literatur mit dem Thema „Religion“ bestimmt. Leicht verändert findet sie sich beim Typus des unbekümmerten Atheisten von Jean-Paul Sartre bis Marcel Reich-Ranicki, der in seiner Autobiographie unpolemisch und letztlich uninteressiert die eigene Distanz bekundet:

„Einer jüdischen Maxime zufolge kann ein Jude nur mit oder gegen, doch nicht ohne Gott leben. Um es ganz klar zu sagen: Ich habe nie mit oder gegen Gott gelebt. Ich kann mich an keinen einzigen Augenblick in meinem Leben erinnern, an dem ich an Gott geglaubt hätte. Die Rebellion des Goetheschen Prometheus – ‚Ich dich ehren? Wofür?‘ – ist mir vollkommen fremd ... Als ich viele Jahre später einem Freund, einem gläubigen Christen, sagte, für mich sei Gott überhaupt keine Realität, sondern eher eine nicht sonderlich gelungene literarische Figur, vielleicht vergleichbar mit Odysseus oder dem König Lear, antwortete er durchaus schlagfertig, es könne überhaupt keine stärkere Realität geben als Odysseus oder den König Lear. Die diplomatische Antwort gefiel mir sehr, ohne mich im Geringsten zu überzeugen.“[37]

Das Wort von Jürgen Habermas bei Entgegennahme des Friedenspreises des deutschen Buchhandels (2001), er sei *religiös unmusikalisch*, ist bereits zur festen Redewendung geworden. Der sympathisch bewegte Blick auf das, was dem Autor nicht mehr möglich ist, wird im Vorgang des Zitierens fest und so ein zeitatmosphärisches Detail, wenn es um die Frage nach Gott geht. Verständnis und Interesse, sogar Wertschätzung? Ja. Glaube? Nein.

Dennoch ist das Thema ganz offensichtlich nicht tot. Die

Auseinandersetzungen verlängern sich endlos, nicht zuletzt literarisch. Kritik wird dabei immer wieder in der anhaltenden Konzentration auf die Jesus-Gestalt kenntlich gemacht: grundsätzlich als Religions-, konkreter als Christentums- und Kirchenkritik. Übersetzungen, Verfremdungen, historische Rekonstruktionen: Mit der zentralen Figur bleiben auch seine Fragen und also das Religiöse selbst möglich.

Literarische Modelle

Der Assoziationsreichtum moderner Kunst, Musik, Literatur, des Films ist ungemein groß. Dementsprechend auch die kritische Potenz. Im Folgenden werden literarische Verarbeitungsmuster vorgestellt, die sich dem Religiösen abwehrend, distanziert, fragend, einspruchsstark stellen. Kritik wird hier nicht immer eindeutig, aber deutlicher ablesbar. Das hängt im Vergleich mit der Abstraktionskraft z. B. zeitgenössischer Bilder und Plastiken zusammen. Die Möglichkeiten, die dort aufgeworfen werden und mit denen man spielt, lassen Kritik erahnen, etwa in der Verwandlung und Verzerrung von Motiven – doch bleibt dieses Spiel immer auch eines mit dem Interpretieren selbst. Schärfer wird demgegenüber die Literatur. Blickschärfer, aber ebenso in der Tonlage. Ihr werden Stimmungsbilder und Modelle entnommen, um genauer am gegenwärtigen religiösen Einwand arbeiten zu können.

Dabei ist zunächst auffällig, dass es nach wie vor direkt verlängerte Traditionslinien aus dem religiösen Innenbezirk gibt. Die Jesus-Romane der Theologen Gerd Theißen („Der Schatten des Galiläers“, 1986) und Raymund Schwager („Im Netz des Jägers“, 1991) sind hier zu nennen. Die Jesus-Gestalt wird mit dem Kenntnisstand des historisch-kritisch geschulten Interpreten aus ihrer Zeit heraus für die Gegenwart erschlossen, indem die Autoren seine Geschichte lebendig nachstellen. Mit dem historischen Roman wird ein Weg gewählt, der immer wieder kritisch-literarisch beschritten wird: In der Konzentration des Jesus von Nazareth auf das Humane, in der Persiflage einzelner Lebensmomente, in bewusster Gegenzeichnung von Gründungsfigur und anschließender Kirche etc. Entsprechend tauchen auch andere biblische Figuren und Motive auf.[38] Zum Beispiel Jona[39], immer wieder Hiob.[40] Mit dem Blick des modernen Menschen wird die antike Welt erzählt.

Michael Köhlmeier: Die sanfte Kritik des Erzählens

Auf dieser Linie bewegt sich auch das literarische Projekt *Michael Köhlmeiers*. In mehreren Bänden erzählt er biblische Geschichten nach: „Von der Erschaffung der Welt bis Josef in Ägypten", „Moses", „Der Menschensohn".[41] Ursprünglich im freien Vortrag für das Radio konzipiert, fügen sie sich in eine ganze Reihe narrativer Neuauflagen alter Geschichten von der griechischen Mythologie bis zum Nibelungenlied. Köhlmeier wählt zwei Techniken zur Annäherung an eine Faszination, die sich gegenwärtig nicht mehr ungebrochen herstellt: Er spricht ganz im Tonfall des modernen Menschen, gelegentlich ironisch unterlegt, und er kommentiert seinen Text, letztlich also das Original.

Sein Erzähleinsatz kann vor diesem Hintergrund nicht unproblematisch erfolgen. Die eigene Geschichte beginnt – konsequent modern – mit der Frage nach dem möglichen Beginn, der in diesem besonderen Fall mit der grundsätzlicheren Frage nach dem Anfang von allem zusammenfällt:

„Wo beginnen? Bei Adam und Eva? Freilich, dort war unser Anfang. Aber doch nicht der Anfang aller Dinge. Soll die Erzählung dort beginnen, wo Gott seinen Siebentagesplan umzusetzen begann? Als er Licht werden ließ über dem Chaos, über dem Tohuwabohu?

An diesem Punkt beginnt die Bibel. Und es hat sicher etwas Verlockendes für den modernen Menschen, der an die Spekulationen der Physik nicht weniger glaubt als die Alten an die Spekulationen der Mythen, sich diesen ersten Schöpfungsakt als dimensionslosen Punkt vorzustellen – wobei uns gar nicht auffällt, dass das Wort Urknall viel eher dem Wortschatz der Mythologie als der Physik eignet.“[42]

Der kritische Erzähler lässt dabei zugleich Sympathien für seine Geschichte erkennen und immer wieder besonders für ihre, für *seine* Figuren. Der Kommentar legt allerdings fortwährend Abstände ein, die der Erzähler braucht, um seine Nacherfindungen für sich selbst wie für seine Leser glaubwürdig und erzählbar zu halten. Hier stellt er seine Fragen an die theologische Konstruktion und mythologische Unterfütterung:

> „Die mythologische Buntheit war offensichtlich ein theologisches Ärgernis. Die Mythen erzählten nämlich von Göttern, von vielen Göttern mit verschiedenen Interessen, die keine für alle verbindliche, eben auch für den Menschen verbindliche Moral kannten. Die Theologen dagegen wollten den einen, den einzigen Gott, dessen Gebote verbindlich waren wie das Gesetz.“ (G 9)

Dieses theologische Unterschlagungsprogramm weist indes Brüche auf. Der polytheistische Nachklang ist unüberhörbar. Fremdgötter rücken zumindest in ihrer Leugnung nach. Neben der unstimmigen Textkohärenz handelt sich das neue Gebilde ein weiteres Manko ein: Die Streichungen dünnen die ursprünglichen Geschichten aus.

> „Aber worauf der Theologe seinen Bannstrahl richtet – und wofür der Historiker ohnehin nur ein Achselzucken übrig hat –, dort vermutet der Mythologe, der Erzähler, Interessantes …“ (G 10)

Köhlmeier ergänzt diese Geschichten nun um das religionshistorische Vergleichsmaterial. Das Besondere des jüdischen Gottesglaubens filtert er aus den Parallelen und gibt diesem Gott einen Namen: Zeit. Bemerkenswert ist die nun folgende Verbindung von naiv gestellter Erzählhaltung und philosophischer Spekulation, wenn mit dem neuen Gottesbegriff ein wirklicher Fortschritt in der Religionsgeschichte bezeichnet wird:

> „‚Ein Reich will ich gründen', sagte er, ‚das so ewig ist wie die Zeit und so prächtig, dass die Zukunft, ohne sich zu schämen, zurück in die Vergangenheit blicken kann.'" (G 15)

Gott erhält unmittelbar menschliche Züge. Auf der Folie des komplexen Gedankens wird Gen 1,1 ff dann zur bloßen Mythologie. Ihre tiefere Bedeutung wird reduziert und der übrige Text offensichtlich anders angelegt: spekulativ, geistreich, kritisch. Der Verzicht auf den theologischen Sinn buchstabiert entsprechend die eigentliche Kritik, die sich gleichsam unterirdisch bewegt. Der Mythos wird in seiner Wiedergabe bloßgestellt, weil es beim bloß Mythologischen bleibt. Es fehlt das Entscheidende: das eigentlich theo-logische Mehr.

Was Köhlmeier spannend und elegant praktiziert, ist die *sanfte Kritik des Erzählens*. Wenn Gott auftaucht, dann menschlich klein gehalten wie die Götter der griechischen Mythologie. Die transzendente Distanz wird aufgehoben und die Menschlichkeit des biblischen Gottes im Allzumenschlichen belächelt. Folgerichtig wird auch alles Weitere unnachgiebig profanisiert. Zum Beispiel das Erstgeburtsrecht und der damit verbundene Segen, den sich Jakob halb erkauft, halb erschleicht. Die Regelung familiärer Macht- und Erbschaftsverhältnisse, auf die Köhlmeier den Segen einengt, ist nach Gen 27 und 49 nur Bestandteil einer wesentlich weiter reichenden Verhältnisbestimmung. Hier geht es nämlich um die Festschreibung der Gottesbeziehung, um die Überlieferung einer Zusage, um die Hoffnungsgewissheit, dass sich die Zuverlässigkeit Gottes in der Bestandsaufnahme eines Bundes erweist, der in der Schöpfung angelegt, mit dem stellvertretenden Menschen Abraham bestätigt, für jede Generation neu gegeben und im Segen wiederholt wird.

Köhlmeier entmythologisiert in der Wiedergabe des Mythos und in der Einfügung der eigenen Deutung. An verschiedenen Stellen empfiehlt er eine allgemein-menschliche Auslegung. Im „Menschensohn" begegnet der religiöse Sucher Thomas dem „Wunderrabbi" Jesus. Eine Ehebrecherin wird vorgeführt, und Jesus muss entscheiden, was zu tun ist (nach Joh 7,53–8,11). Wie Jesus die gefährliche Situation auflöst – „Wer von euch ohne Schuld ist, werfe den ersten Stein!" –, wird für Thomas zu einer Schlüsselerfahrung:

> „Mit diesen Worten hat Jesus die Sehnsucht nach Liebe und die Sehnsucht nach höchster Rationalität zusammengeführt. Und dieser Satz war überzeugender gewesen für Thomas als alle Wunder, von denen ihm erzählt worden war."[43]

Die theologische Bestimmung von Zeichen und Wunder verliert sich im zustimmungsfähigen, aber provokationslosen Humanismus beachtlicher Einsicht und guten Willens. Dem entspricht, dass sich die Zuneigung des Erzählers in seiner Leserlenkung zwar auf die Geschichten selbst, nicht aber auf die religiöse Hintergrundannahme erstreckt. Der Zweifel ist deshalb gleichermaßen inhaltliches Datum wie formales Erzählprinzip, nämlich personalisiert in der Figur des Thomas und also erzählperspektivische Vorgabe. Er hat das letzte Wort:

> „Thomas der Zwilling, Thomas der Zweifler. War nun für alle Zeit der Zweifel aus dem Herzen des Thomas verbannt? Der Zweifel, heißt es, ist der gute Lehrer, der aus der leichtsinnigen Zuversicht die weise Hoffnung macht." (M 136)

Das Nachwort führt diesen Ausklang noch weiter in die Skepsis und legt die eigene Erzählung nachträglich auf sie fest:

> „Keine Erlösung erwarte ich von den Personen, über die ich schreibe. Nicht einmal die Wahrheit erwarte ich. Wie sollte

ich die Wahrheit erkennen? Ich hoffe lediglich, dass mir eine Person eine Geschichte erzählt. Jesus hat das nicht getan. Es hätte mich auch gewundert, wenn er mir Dinge erzählt hätte, die er bisher geheim gehalten hatte. Angenommen, er ist Gott – würde er einem Menschen eine Geschichte erzählen?" (M 139)

José Saramago: Feststellung der Unglaubwürdigkeit

Während im abschließenden Romanzitat bei Köhlmeier zumindest eine vage Offenheit für die religiöse Intuition beinahe überraschend auftaucht, ist die Kritik des portugiesischen Literaturnobelpreisträgers *José Saramago* in seinem Roman „Das Evangelium nach Jesus Christus"[44] von grundsätzlicherer Art. Radikal und sperrig tritt sie auf – sperrig in der Sprache, mit der die Fremdartigkeit der Romanwelt förmlich hergestellt wird und die so den Eintritt in ihre Wirklichkeit blockiert. Kunstvoll probiert Saramago etwas wie einen Gegenentwurf zur Forderung Kierkegaards nach der Gleichzeitigkeit mit Jesus Christus. Es hat etwas Zwingendes, die Kritik an der Glaubenswelt der Evangelien in einer ungeglätteten Sprache zu versuchen, die allen Abstand beinahe körperlich spüren lässt, wenn man beim Lesen immer neu anheben muss, wenn das Gewicht des Satzes wieder und wieder zu stemmen ist, und das in vielfachen Wendungen durch den Roman hindurch:

> „Die Sonne zeigt sich in einem der oberen Winkel des Rechtecks, auf der linken Seite, vom Betrachter aus gesehen, das Königsgestirn hat das Aussehen eines Menschenkopfs, von dem im Schwall Strahlen grellen Lichts und gewundene Flammen ausgehen, als wäre sich da eine Windrose unschlüssig über die von ihr anzupeilenden Himmelsrichtungen, und dieser Kopf hat ein Antlitz, das weint, verkrampft in einem Schmerz, der nicht nachlässt, und der offene Mund presst einen Schrei heraus, den wir nicht hören können, denn nichts von all diesen Dingen ist wirklich, was wir vor uns haben, ist Papier und Tinte, mehr nicht." (11)

So beginnt der Roman. Sein „Evangelium“ ist unüberhörbar: „nichts von allen diesen Dingen ist wirklich“. Das spinnt den Leitfaden der Erzählung. Saramago nimmt die Vorstellungswelt der Bibel beim Wort und zeigt gerade so, wie unglaublich sie ist. So tritt ein Engel auf, der sonderbarer nicht erscheinen könnte (33–35). Erst ein Bettler, schwillt er zum Riesen an, der wirres Zeug redet, aber immerhin Maria die kommende Schwangerschaft zuverlässig ankündigt. Er hat noch einige weitere Gastspiele, und sie verstärken den Verfremdungseffekt, dass ein realistisch gedachter Einbruch des Transzendenten ins Immanente eben undenkbar bleiben muss. Andererseits spielt die Geschichte mit dem God's point of view: den Gott, den es nicht gibt, „markiert“ der Erzähler. Er weiß alles und mitunter sogar noch mehr als Gott selbst, der höchst menschlich auftaucht, aber auch mal als Rauchsäule oder Wolke; der daherläuft, sich ganz selbstverständlich in ein Boot setzen kann und Jesus seine Gedanken auseinandersetzt, „ein stattlicher alter Mann, mit über der Brust wallendem Bart, barhäuptig, das Haar lose, das Gesicht breit und kräftig“ usw. (416). Der so Gezeichnete ist menschlich bis in seine Unvollkommenheit hinein. So heißt es bei der Zeugung Jesu:

> „Gott, der allenorts ist, war auch hier zugegen, doch da er ist, was er ist, rein ein Geist, konnte er nicht sehen, wie die Haut des einen die Haut des anderen berührte, wie sein Fleisch in ihr Fleisch drang, das eine wie das andere für eben dies erschaffen, und sicherlich war er schon nicht mehr zugegen, als Josefs geheiligter Same sich in das geheiligte Innen Marias ergoss, heilig beide, weil sie der Quell und der Becher des Lebens, in Wahrheit gibt es Dinge, die selbst Gott nicht versteht, auch wenn er sie erschuf.“ (27)

Das liegt wiederum in der Konsequenz des hauptsächlichen Anklagepunkts. Das Evangelium ist ein Anti-Evangelium aus der Erfahrung des Leidens heraus. Dass dies nicht anders geht, dass es sozusagen die menschliche Natur ausmacht, hatte bereits der Engel-Bettler in seinem ersten Auftritt mitgeteilt und von Anfang bis Ende Recht behalten, d. h. von der Kreuzigung, die schon der Vater Josef erleiden muss (185–187), bis zu der des Sohnes Jesus, die wiederum allem bereits vorgeschaltet ist (11–19). Hier ergibt sich ein weiteres interessantes Schema. Kritik wird sinnfällig in der Konstruktion der Erzählung, die kein lineares Zeitmodell benutzt, sondern das mythischer Wiederholung. Die Geschichte ergibt keinen Fortschritt, sondern bildet einen Kreislauf des Leidens, des Unsinns und der „Zufälle[n], aus denen das Leben gemacht, gewebt, gefügt ist" (251).

Der Sohn arbeitet sich nach dem Prinzip der Wiederholung an der Schuld des Vaters ab, der beim bethlehemitischen Morden des Herodes nur den Sohn rettete, statt alle Familien zu warnen. Das ist der Ausgangspunkt Jesu, seine Berufung. Sie spielt zwischen Traum und Traumatisierung. Die Rolle, die der Sohn damit übernimmt, greift das Schicksal des Vaters auf, der sinnlos und unschuldig ans Kreuz kam. Für Jesus gilt das in erweitertem Sinne: Er wird zum Sohn Gottes und übernimmt das Schicksal dessen, der für alles Leiden letztverantwortlich ist – schließlich hat er unvollkommen geschaffen:

> „Die Nacht indes, friedvoll still und weit, fern dem Leben und den Dingen, von jenem äußersten Gleichmut, den wir dem Universum unterstellen, oder jenem anderen, absoluten, der übrig gebliebenen Leere, falls Leere an sich etwas sein kann, wenn die letzte Bestimmung von allem sich erfüllt haben wird, nichts wusste die Nacht vom Sinn und der vernunftvollen Ordnung, die diese Welt zu regieren scheint in jenen Stunden, da wir noch glauben, dass sie erschaffen sei, um uns aufzunehmen und unserer Verrücktheit zu dienen." (135 f.)

Jeder Schrei zu Gott kommt im Nichts um. Die Anonymität der Natur gibt die einzige Antwort. Das Leiden endet also auch nicht in der erlösenden Hingabe Jesu am Kreuz, sondern in der ausweglosen Erkenntnis des Sterbenden, dass gerade mit diesem Tod das Leiden ewig dauert. Ein Morden ohne Maß soll sich an diesen Tod anknüpfen: Von den Märtyrern bis zu den Opfern der Kreuzzüge aller Zeitalter, die im Namen des Gekreuzigten gekreuzigt werden oder selbst kreuzigen.

Rettung ist hier nicht: „... die Toten blieben tot, sei es, dass Gott sich ihrer nicht entsann, sei es, dass Auferstehung jetzt unpassend war“ (157). Sarkastisch steigert sich die Theodizeefrage in die Anklage eines Glaubens weiter, der nicht nur Leiden mit verursacht, sondern zynisch genug erscheint, um an den einzigartigen Eingriff der Auferweckung Jesu zu glauben, während alle anderen, die Unschuldigen dieser Welt zumal, weiter geschlachtet werden.

Das gilt auch für Saramagos Jesus. Er endet am Kreuz als Betrogener. Von Auferstehung kann keine Rede sein. Der Schluss: verzweifeltes Sterben ins Sinnwidrige hinein:

> „Da begriff Jesus, dass er so hinter das Licht geführt worden war, wie man das Lamm zur Opferbank führt, dass sein Leben und Sterben seit aller Anfänge Beginn vorgezeichnet gewesen war, ihm fiel ein, welch ein Strom an Blut und an Erleiden von ihm ausgehen und die ganze Welt schwemmen werde, und in den offenen Himmel auf, wo Gott lächelte, schrie er, Menschen, vergebt ihm, denn er weiß nicht, was er getan hat.“ (511)

Das alles ist verkehrt. Die Gebetsrichtung verkehrt sich, und so verkehrt dieses Evangelium auch sein Original ins Absurde. Der Vater Jesu kommt zu Tode, weil er nach Art des neutestamentlichen barmherzigen Samariters hilft. Man greift ihn als Widerstandskämpfer auf und macht kurzen Prozess mit ihm. Nun hat Josef das Seine auch aus schlechtem Gewissen getan – die Selbstlosigkeit wird ethisch etwas weniger strahlend dargestellt. Vor allem aber führt die Geschichte direkt in den Tod, in jene umfassende Sinnlosigkeit, in der auch Saramagos „Evangelium nach Jesus Christus“ untergeht. Es geht nicht auf, was Jesus in seiner Beispielerzählung aufgestellt hat. Die Welt, sie ist nicht so.

Saramago bietet in seinem Evangelium eine scharfe Verwandlung seines Materials in Mythologie. Doch die eigentliche Unglaubwürdigkeit ist an die Theodizee- und Sinnfrage gebunden. Geschichtliche Einsicht zwingt, den Glauben als moralisch erledigt zu behandeln. Die entstellende Ironie des Wörtlichnehmens, die gehäuften Anachronismen machen die Wirklichkeit grotesk, auf die sich Glaube bezieht. Letztlich gilt dies, weil diese Wirklichkeit eine Geschichte der Gewalt anlegt mit Martyrien, Kriegen und Leibfeindschaft. Saramago schreibt Nietzsches Anklage christlicher Lebensfeindlichkeit fort. Bei ihm ist – anders als noch bei Thomas Mann in seiner Josephs-Tetralogie, die doch auch ironisch angelegt ist und nach eigener Auskunft *den Mythos ins Humane umfunktioniert*[45] – jeder Firnis an Sympathie abgetragen – gerade in der Figurenzeichnung (mit Ausnahme der Frauengestalten). Die Kritik seines Evangeliums am biblischen Evangelium ist grenzenloser metaphysischer Pessimismus. Für anderes findet er keinen Anhaltspunkt:

„… im Grunde weiß man nicht, was nach dem Tode den im Leben verspürten Schmerzen widerfährt, vor allem den letzten, möglich, dass mit dem Tod wirklich alles zu Ende ist, umgekehrt garantiert uns nichts, dass, und sei es für Stunden, sich nicht doch ein Erinnern aus Leiden wach hält, in einem Leibe, den wir tot nennen, überhaupt ist fraglich, ob für die Materie die Verwesung das letzte Mittel ist, sich endgültig vom Schmerz zu befreien.“ (192)

Durs Grünbein: Prekäre Abwesenheit

Das Stichwort „Verwesung“ findet an anderer Stelle eine eigentümliche Aufnahme. *Durs Grünbein* knüpft in seinem Gedicht „In der Provinz“[46] an das Ende des Lebens eine Frage, die so nicht von Saramago stammen könnte, aber eben doch verwandt dem Tod nachstellt. Das Bild: eine entlegene Landstraße. Ein Frosch ist überfahren worden, er liegt da wie gekreuzigt. Nur gibt es für ihn „keine Auferstehung als in den Larven / Der Fliegen, die morgen schlüpfen werden. // Durch welche Öffnung entweicht der Traum?" Der Tod bleibt hier beunruhigend. Während Saramago alles eindunkelt, hält Grünbein die Verhältnisse offener.

Dabei ist zunächst die literarische Idee zu beschreiben, die Grünbein umtreibt. Sein Vorhaben: eine „somatische Poesie".[47] Ihn interessiert unter den Voraussetzungen gegenwärtiger Neurowissenschaften und Physiologie die alte Frage, wie aus Fleisch Geist wird. Die Umkehrfrage, wie Geist sich materialisiert oder, theologischer gesprochen, inkarniert, erscheint damit immerhin noch formulierbar. Grünbein folgt mit seinem Blick fürs Körperliche einer Richtung, die zuerst Georg Büchner eingeschlagen hat und nichts von primitivem Materialismus hat. Im Gegenteil bleiben die alten metaphysischen Fragen gerade angesichts der freigelegten Nerven. In seiner Büchnerpreisrede von 1995 hält Grünbein mit Blick auf den Namensgeber fest:

> „Hier ist ein Dichter, der seine Prinzipien der Physiologie abgewinnt wie andere vor ihm der Religion oder der Ethik. Aus der reinen Zootomie befreit er die Einsicht, dass Leben sich selbst genug ist und keinen äußeren oder höheren Zwecken gehorcht.
>
> ‚Alles, was ist, ist um seiner selbst willen da.'
>
> Aus dem geöffneten Körper, dem (gewaltsam) erbrochenen Schädel, liest er, absurd genug, die Grundsätze für ein mögliches freies Zusammenleben ... sowie ihre immer drohende Negation: das Scheitern von Grund auf und aus den Eingeweiden. Denn Autopsie ist der sicherste Weg zum Verlust des Glaubens oder, wenn das nicht ausreicht, zur Befestigung des Unglaubens."[48]

Das, was fehlt, stellt den Sinnlosigkeitsvorbehalt. Dass sich Geist einmischt, eindringt, vor will, ist selbst nicht anders als physiologisch zu sehen und muss doch in dieser Antwort Unruhe hinterlassen. Grünbein lässt sich nicht religiös beanspruchen. Es gibt auch bei ihm die ausdrückliche Distanz, wie sich im Zitat gezeigt hat. Dennoch bleibt in der Übernahme religiöser Motive und ihrer kritischen Aussetzung etwas wie eine unaufgelöste Spannung. Vielleicht ist es gerade dieser Austrag von Spannungen, der avancierte Kunst kennzeichnet: „Das einzelne Zeichen, die unerwartete Pause, das Leck im Sprechen, der Gedankenstrich – dies sind die Ritzen, durch die unverhofft ein anderes Licht auf das Kontinuum fällt."[49]

Mit Durs Grünbein lässt sich ein Sprechversuch orten, der die Grenze religiösen Sprechens berührt und genau dort ihre Kritik einsetzt. Mit Saramago teilt er die Ansicht. Aber sachlicher bewegt.

> „Ich schaue interessiert in den Abgrund, gehe am Rand auf und ab und treffe ein paar Aussagen über den Abgrund. Und bin ein wenig gerettet. Während viele die Hände über dem Kopf zusammenschlagen. Die verwechseln das mit Pessimismus."[50]

Im „Traktat vom Zeitverbleib"[51] wird ein Mann vierzig. Der Vorübergang der Dinge nimmt den eigenen Untergang vorweg. Die Frage nach dem Anfang von allem wächst vom Ende her zu. Und die nächste noch – was man hier soll: „Bist du nicht hier, um diskret / Furchen zu ziehen ins Vergessen?" (98). Der Widerstand gegen den Tod bleibt vorläufig und ohne gutes Ende. Die Zeit schmerzt. „Dagegen hilft keine Predigt, / Nur Aufblicken, himmelwärts. // Auch, wenn von dort bald (Habacht!) / Die Augen zurück kehrn. Im Innern / Kocht wie gewohnt ein Verdacht: / Zeit heißt ‚Es gibt kein Entrinnen.'" (99).

Diese Melancholie hat ihr Bild gefunden. Die fast instinkthafte Wendung nach oben ist ein sinnloser Reflex:

„Der Wind sorgt für zügige Abfertigung aller Formen. Schon wieder ein neuer Himmel, genauso flächendeckend, genauso vergesslich wie all die andern zuvor. Man schaut hinauf, und manchmal schmerzt es ein wenig …"

Für Erinnerung ließe sich vielleicht leben, deutete der lyrische Traktat an; doch Amnesie dringt naturhaft ein und fegt die besetzten Plätze frei, deckt die Erinnerungsfurchen zu. Welchen Sinn soll das haben, weiterzumachen? Diese ehemals metaphysisch genannte Unruhe lässt auch Durs Grünbein nicht los, so sehr Religion für ihn zur Vergangenheit gehören mag. Poesie ist ihr Ausdruck. „Ihr augenblicklicher Ort sind die Ränder, noch warm von den Vorgängern, der Theologie und der Rhetorik."[52] *Am Rand – wo sonst* (Botho Strauß): Dort trifft man den Dichter und den Menschen generell:

„Stell dir vor, du wärst klitzeklein. Ein Insekt auf zwei Beinen,
In eine Taschenuhr eingesperrt, vergessen dort bei der Reparatur.
Zwischen Zahnrädern, Federn und Schrauben hört keiner dich weinen."[53]

Wenn es den Ausweg nicht gibt, dann mindestens den artikulierten Raum der Katastrophe und eine sonderbare Hoffnung, die sich selbst nicht glauben mag, die Option ohne Anhalt: „Bis ein Defekt, der das Uhrwerk zum Stehen bringt, dich befreit. / So geht sie hin, deine Zeit, neben den Zeiten der andern, der vielen. / So eilt sie dahin und entgleitet dir, deine einzige, kostbare Zeit."[54] Erlösung? Im Gedicht ist man „ein wenig gerettet". Mehr gibt's nicht als die Beschreibung, die poetische Sachlichkeit in der Wahrnehmung des Ungeheuerlichen, mit dem man sich nicht abfindet. Grünbeins Gedichte spannen immer wieder die Bilderbögen solcher Desillusionierung.

Der Kritik, die Grünbein an ausgesprochenen Glauben adressiert, ist damit eine eigene Leerstelle eingeschrieben. Reinhard Baumgart weist darauf hin, wenn er den Glauben des Dichters „an die Poesie als etwas Unbedingtes“ [55] auffängt. Denn im glaubenslosen Raum ist solcher Glaube „die mächtige Lücke im sarkastischen System“. Mindestens die damit verbundene Frage drängt sich gegenkritisch als Nachtrag auf.

Michel Houellebecq: Die metaphysische Wandlung ins Leere

Eine eigene religionskritische Variante entwickeln die Romane von *Michel Houellebecq*. Freilich stellt dieses Thema auf den ersten Blick nur ein Nebenmotiv. Seine Implikationen werden erst deutlich, wenn man der metaphysischen Frage folgt, die ausdrücklich gestellt wird.

Dass Houellebecq skandalisiert, lenkt die Aufmerksamkeit zusätzlich in zunächst andere Richtung. Seine Romane sind auf größtmöglichen Widerstand angelegt. Dabei weist der äußere Anlass auf eine grundsätzlichere Provokation weiter. Die Pornographie seiner Texte ist nicht sexueller Art, sondern in der Offenlegung von Lebensformen begründet.

Der wirkliche Schock sitzt tiefer. Houellebecq schreibt die Leere, die in seinen Figuren die westliche Welt besetzt. Sie ist Erfahrung jener „metaphysischen Wandlung“[56], mit der zunächst das Christentum und dann der wissenschaftliche Materialismus als Hintergrundglauben der Epochen vom Mittelalter bis ins 21. Jh. abgelöst wurden. Für Houellebecqs Protagonisten ist immer wieder der Sex eine Möglichkeit, die Welt überhaupt noch zu spüren, sich selbst in ihr dingfest zu machen, Kontakt aufzunehmen. Doch genau das scheitert letztlich. Die Kläglichkeit der Figuren und ihrer Biographien führt zu einem wissenschaftlichen Ausbruch, der Leben neu definiert. Es kommt zur genetischen Neuschöpfung, zur Umcodierung des Exemplars Mensch. Am Ende der „Elementarteilchen“ gibt es den neuen Menschen bereits, der aus der sexuellen Reproduktion herausgehalten und deshalb weniger störanfällig angelegt werden kann. Wir befinden uns am Ausgang des 21. Jh.

Der Vorgängerroman „Ausweitung der Kampfzone“[57] liefert gleichsam das Dokument auf dem Weg der Verabschiedung. Hier ist „alles grau“ (A 74). Leben misslingt, Beziehungen scheitern, weil man bestenfalls einfach lebt, ohne zu wissen, warum. Der Wunsch nach Liebe verirrt sich in einem Alltag, der Orientierung unterschlägt. Die Gleichförmigkeit der realen Welt und ihrer Abläufe setzt sich in den Bedürfnissen der Individuen fest, die erfahren müssen, dass ihre Einzigartigkeit und damit sie selbst längst verloren gegangen sind:

> „Vor unseren Augen uniformiert sich die Welt; die Telekommunikation schreitet unaufhaltsam voran; neue Apparaturen bereichern das Wohnungsinventar. Zwischenmenschliche Beziehungen werden zunehmend unmöglich, was die Zahl der Geschichten, aus denen sich ein Leben zusammensetzt, entsprechend verringert. Und langsam erscheint das Antlitz des Todes in seiner ganzen Herrlichkeit. Das dritte Jahrtausend lässt sich gut an.“ (A 19)

Dieses Muster Mensch ist in den „Elementarteilchen“ stillgelegt. Für den späten Menschen aber zwingen sich Einsamkeit und das große Unverständnis gegenüber der eigenen Existenz und seiner Umwelt auf:

> „Sie haben ein Leben gehabt. Es gab Augenblicke, in denen hatten Sie ein Leben. Natürlich erinnern Sie sich nicht mehr genau daran; aber es gibt Fotografien, die es beweisen.“ (A 15)
>
> „Aber konkret verstehe ich nicht, wie es den Menschen gelingt zu leben. Ich habe das Gefühl, dass eigentlich alle unglücklich sein müssten … Verstehen Sie, wir leben in einer derart einfachen Welt. Es gibt ein System, das auf Beherrschung, Geld und Angst beruht – ein eher männliches System, nennen wir es Mars; und es gibt ein weibliches System, das auf Verführung und Sex beruht, nennen wir es Venus. Das ist auch schon alles. Ist es wirklich möglich, zu leben und dabei zu glauben, dass es nichts anderes gibt?“ (A 161)

Diese Frage ist die große Überraschung dieser Texte. Ganz ähnlich wird sie auch in den „Elementarteilchen“ gestellt. Michel, der Gentechniker, dessen theoretische Arbeiten zur bezeichneten Revolution des Lebens führen, beunruhigt sie immer wieder: „Wie kann eigentlich eine Gesellschaft, so fragte er sich, ohne Religion weiter bestehen?“ (E 184)

Es gibt in beiden Romanen einen „bekümmerten Atheismus“[58], der in die Distanzierung vom Glauben eine Erinnerung einfügt, wie man sie an eine glücklichere Kindheit bewahrt. Nicht anders aber erscheint die konkrete Vorstellungswelt des Religiösen: vergangen. Über Anlässe, Redensarten und Figuren werden zahlreiche Bezüge besonders zum Christentum hergestellt. Aber dessen Welt ist nicht mehr, auch wenn seine Vertreter noch leben – wie der Pfarrer in der „Kampfzone“, der als Priester scheitert: „Morgen muss ich die Messe lesen. Ich glaube, ich schaffe es nicht. Ich fühle die Gegenwart nicht mehr.“ (A 154)

An die Stelle dieser Gegenwart tritt die Leere. Der Gesprächspartner des Priesters versteht schon nicht mehr, was der meint: „Welche Gegenwart?“ (A 154), schließt er an und hat der metaphysischen Leere einen Titel gegeben. Man lebt. Man erledigt seine Geschäfte.

> „Am Sonntagmorgen spazierte ich ein wenig im Viertel umher. Ich kaufte ein Rosinenbrötchen. Es war ein milder Tag, aber ein wenig traurig, wie oft die Sonntage in Paris; vor allem, wenn man nicht an Gott glaubt.“ (A 139)

Statt in die Kirche geht man spazieren. Aber auch die Natur kann Gott nicht ersetzen. Am Ende des Romans sucht der Protagonist etwas wie ein mystisches Einheitserlebnis in der Natur, ein Gefühl der Zugehörigkeit und der Einheit in aller Einsamkeit und Zerrissenheit. Die Gegend ist schön, für einen Augenblick verspricht sie die gesuchte Erfahrung, um sie jedoch gleich wieder aufzukündigen:

> „Die Landschaft ist jetzt so sanft, so freundlich und froh, dass mir die Haut wehtut. Ich bin mitten im Abgrund. Ich spüre meine Haut wie eine Grenze; die Außenwelt ist das,

was mich zermalmt. Heilloses Gefühl der Trennung; von nun an bin ich ein Gefangener in mir selbst. Die sublime Verschmelzung wird nicht stattfinden; das Lebensziel ist verfehlt." (A 170).

Heillosigkeit ist das Kennwort dieser Erfahrung und die Form, in der sie sich von religiöser Erfahrung distanziert. Die Kälte des Stils hält Gott aus dem Spiel. Die Leere ersetzt Präsenz und technische Verfügung das Geheimnis. Houellebecq schreibt sich allmählich fort von der Möglichkeit, den metaphysischen Schmerz überhaupt noch wahrzunehmen. Die Intensität religiöser Wahrheitssuche verschwindet mit dem neuen Menschen, der sich eingefunden hat in seine Bedingungen und Möglichkeiten. Er erlebt die Gelassenheit im Status quo. Religion ist demgegenüber Bereich des Zurückliegenden – signalisiert durch ihre Vertreter, die sich im Roman der neuen Weltordnung widersetzen. Die Welt nach ihrer „radikalsten metaphysischen Wandlung" (E 8) ist eingefroren in jene „ontologische Leere" (E 139), die sich nicht mehr aufheben lässt, weil die Überzeugungskraft der religiösen Weltsicht unwiederbringlich verloren gegangen ist. Nach der Entdeckung fossiler Lebensspuren auf dem Mars wird deutlich:

> „Es gab keinen einmaligen Schöpfungsakt; es gab kein auserwähltes Volk, nicht einmal eine auserwählte Gattung oder einen ausgewählten Planeten. Es gab fast überall im Weltraum nur ungewisse und im Allgemeinen wenig überzeugende Versuche." (E 138)

Nicht nur, dass die religiösen Interpretationen nichts taugen: Festzustellen ist nichts als das Spiel des Zufalls, dessen Sinnlosigkeit die normale Erfahrung trägt. Hier hilft kein Protest, sondern nur die Veränderung der Wahrnehmungsbedingungen durch eine einschneidende Umwandlung der Lebensbedingungen. Houellebeqcs Religionskritik ist von daher die strengste; sie zieht die äußerste Konsequenz: nicht die Abschaffung der Idee „Gott", sondern die des Menschen, mit dem alle Sehnsucht nach einem Gott und also das Transzendente selbst stirbt. So weit hatte selbst Nietzsche nicht gesehen.

Der kritische Impuls moderner Literatur: Ein Fazit

Die Literatur des 20. Jh. hat einen ausgesprochen produktiven religions- und christentumskritischen Zweig. Die entsprechenden Fragen und auch Klischees bestimmen sehr wirkungsvoll das Bild von Kirche und Christentum einerseits und die Form der Gottrede andererseits. Das Motivgeflecht Religion behält besondere Bedeutung. Bereits das beiläufig Erzählte, das kaum flüchtig Erfasste spricht von der Schwierigkeit, kulturell hinter sich zu lassen, was für die klassische Religionskritik seinen Sterbegang schon angetreten hatte. Der erkennbare Respekt vor der Haltbarkeit letzter Fragen und religiöser Antworten ist daher ein Ausrufezeichen wert. Die literarischen Modelle machen darüber hinaus kenntlich, wie vielfältig Religion noch in ihrer Distanzierung oder in ausdrücklicher Kritik vorkommt. Im Erzählen wird ein Abstand zum Gegenstand eingelegt, der unterschiedlich ausfällt:

- als Unglaubwürdigkeitsattest der ursprünglichen Dokumente, weil sie sittlich oder geschichtlich *unmöglich* erscheinen;
- als ironische Distanzierung, die religiöse Konzepte nicht mehr als solche übernehmen kann;
- als nachdenkliche Verlustmeldung, die etwas von Abschiedstrauer behält;
- als Ausdruck eines Wechsels in der Vorstellungswelt, der im Text selbst (nach)vollzogen wird.

Wesentliche literarische Strategien sind damit benannt. Sie lassen sich vielfältig ergänzen. Die *literarische Übersetzung* von Vergangenheit in Gegenwart arrangiert Kritik, indem religiöse Vorstellungen als ungleichzeitig entlarvt werden. Feministische Kritik übernimmt eine entsprechende Rolle. In diesem Zusammenhang ist auch *Trivialisierung* als religionskritische Form zu beschreiben: Das Original wird um seine Vielschichtigkeit gebracht, um seine Sprengkraft.

Literarisch beunruhigender greifen *groteske Simulationen* und *Parodien* biblische Motive oder religiöse Themen auf, um Antworten und Lebensformen zu karikieren. Das Überlebte am Christentum und seinem Vorstellungsinventar bietet einen beliebten Angriffspunkt. Die polemische Unnachgiebigkeit, mit der verschiedentlich Christentum und Gottesglaube angegangen werden, wendet diese Situation ins Bitterernste. Auf dieser Linie lässt sich *Blasphemie* als veränderte Leseanweisung begreifen, als überraschender Perspektivwechsel, als Regie zum Anders-Sprechen. Nicht zuletzt darin liegt der Anstoßwert literarischer Religionskritik:

- in der Verfremdung, die andere Blickrichtungen eröffnet und zur Nachdenklichkeit anstiftet;
- in einer „Ruhestörung“, die Unabgefundenheit anlegt; in der Radikalität des Fragens nach dem fremden Gott;
- im Aufdecken unterschlagener oder vergessener Traditionen (Frauen, Gerechtigkeit, Wahrnehmung des Anderen);
- in der Anregung zu eigenen kritischen Lektüren, die zur Klärung der Gottrede anregen;
- im produktiven Anlass zur „Gegenaufklärung“, mit der auch auf die mangelnde Kenntnis bzw. Bereitschaft zur Kenntnisnahme seitens der Kritiker aufmerksam gemacht werden muss;

- in der Verteidigung des eigenen Anspruchs auf differenzierte Verhältnisse, des (auch gesellschaftlichen) Schwierigseins in umfassendem Sinn.

Schwierig zu sein, könnte ein Schritt auf dem Weg sein, die Bedeutung des Glaubens kulturell interessanter und aufschlussreicher zu übersetzen. Dazu darf auch gehören, die eigenen Schwierigkeiten mit dem Glauben, mit dem Christsein zu kommunizieren: das eigene Angefochtensein und die Beharrlichkeit, die Widerständigkeit im Glauben. Vielleicht würde man so erst überhaupt wieder zum Gesprächspartner, der Gehör findet für die Faszination, von der offensichtlich auch jener Gegner nicht lassen kann, der sich literarisch-kritisch der religiösen Frage stellt.

5. Erkenntnistheoretische Motive

Auch wenn Religionskritik im öffentlichen Bewusstsein keine Hauptrolle mehr übernimmt; auch wenn die theoretischen Diskurse eher zur Neuinszenierung überkommener Figuren neigen, muss festgehalten werden, *dass* der Streit um das Religiöse nicht nur pragmatisch, sondern eben auch mit theoretischer Anstrengung noch betrieben wird. Dabei ist bemerkenswert, dass sich im selben Maße *theoretisch* eine funktionalistische Perspektive auf das Religiöse durchgesetzt hat, wie sie auch lebens*praktisch* bestimmt. Das Religiöse wird nach seinem Nutzwert gemessen und entsprechend eingesetzt – von der Werbung bis zur Politik. Funktion ist das Hauptwort der so genannten *reflexiven Moderne* mit ihren Verteilungskämpfen, die sich angesichts fehlender Wertegrundlagen verschärfen.[59]

Wenn man aber mit funktionaler Optik an das Religiöse herangeht, ist dies bereits eine Form der Distanzierung. Man nimmt Abstand von der Innenperspektive des Glaubens an unverrechenbar Transzendentes:

> „Es ist offenkundig eine typisch neuzeitliche Entwicklung, die die Menschen … danach fragen lässt, was man von Religion hat und nicht mehr eigentlich oder kaum noch danach, was sie ist. Es ist eine *apologetische Situation*, die danach verlangt, die angegriffene und in Misskredit gebrachte Religion doch in gutem Licht erscheinen zu lassen. Die Fundamentaltheologie sollte wissen, was sie tut, wenn sie sich auf diese apologetische Situation einlässt; sie sollte vermeiden, von dieser Situation gefangen genommen und womöglich auf einem Auge blind gemacht zu werden. Sie sollte sensibel dafür bleiben, wie sie von Gott spricht, wenn sie sich auf diese apologetische Situation einlässt – und sie wird gar nicht anders können, als sich immer wieder auf sie einzulassen.“[60]

Es ist die Theodizeefrage, mit der sich der nach wie vor energischste Einwand gegen jeden Gottesglauben meldet. Die christliche Antwortperspektive zerreißt dann aber hier am radikalsten den funktionslogischen Zusammenhang. Die Theodizeefrage führt den Glauben auf die Dimension zurück, an die ihn gerade die eigene Rationalitätsform bindet: auf Gott als das (absolute) Geheimnis der Liebe.

Theoretisches Spektrum

Das unterschwellige Hauptargument zielt darauf ab, dass es sich beim religiösen Weltbild um eine mythisch überholte Konstruktion des Menschen handle. Um sich eine Ordnung zu geben, die hält, setzt der Mensch die Offenbarung dieser Ordnung an, die ihr Bestand und Geltung verleiht. Personale Erklärungsmuster deuten komplexe Zusammenhänge und machen sie so *begreifbar*. Die Welt wird nach dem Maß des Menschen geschaffen, weil er sich – vorerst! – nur so in ihr zurechtfindet. Die darin enthaltene Metaphorisierung, mit der das Numinose in symbolischen Übertragungen ansprechbar wird, trägt allerdings schon den Keim der Auflösung in sich. Kritik am Bild wird entsprechend mit dem jüdisch-christlichen Gottesbild – Gott als der immer auch Entzogene, gleichsam Unnennbare (Ex 3,14) – in das Religiöse integriert und sichert den Fortbestand durch einen ersten Aufklärungsschub hindurch, bis sich die Kritik radikal von ihrem Ursprung entfernt und ihn selbst aufs Korn nimmt. Das heißt dann: Was metaphorisch verschlüsselt wurde, ist nichts als Sprache und Bild und also Konstrukt. Ist Ausdruck von Träumen, Ängsten, Hoffnungen, aber kein angemessenes Deutungsmuster im Zeitalter naturwissenschaftlich erfahrungsgestützter Wirklichkeitserschließung. Die Götter sind unsere Wörter und nicht mehr als unsere Möglichkeit, über das Wirkliche hinaus ins Mögliche zu fliehen. Gott – das ist *Kunst*:

> „Die Geschichte des menschlichen Denkens ist die Geschichte unserer Entdeckung alles dessen gewesen, was von Anfang an in unserer Sprache, unserer ersten und größten Erfindung, schweigend inbegriffen war; und es stellt sich heraus, dass die übernatürliche Welt der Religion seit Anbeginn auf verschiedene Weise eine mythische Repräsentation der wahrhaft magischen Welt der linguistischen Bedeutung gewesen ist."[61]

Die kritischen Folgerungen liegen auf der Hand:

- die Vorstellung von einem personalen Schöpfergott ist mythisch überholt;
- die Vermischung des Endlichen und Unendlichen widerspricht unserer Erfahrungswirklichkeit;
- in der Geschichte begegnet kein Absolutes: Gott fehlt in der Erfahrung;
- das überholte Weltbild wird kenntlich in Einzelkonzepten (Wunder; patriarchalische Relikte, Heilige etc.);
- als besonderes Anschlussproblem areligiöser Weltbildkritik ergibt sich die – berechtigte! – Kritik an Fundamentalismen unterschiedlicher Art und Herkunft.

Erkenntnistheoretisch bündelt G. Vollmer die Problemstellungen:

(1) „*Misserfolgs-Argument*: Ist der Theismus schon nicht prüfbar, weil er sich dem Risiko einer *Widerlegung* gar nicht erst aussetzt, so ist er doch wenigstens *bestätigungsfähig*. Aber zu welchem Schatz an Bestätigungen hat er es in zweieinhalbtausend Jahren gebracht? Hatte er nicht Zeit und Gelegenheit, überzeugende Belege zu sammeln? Wo sind diese Belege?"

(2) „*Symmetrie-Argumente*: Fast jedes Argument für die Existenz Gottes lässt sich spiegeln in ein Argument für die Existenz des Teufels: Ist Existenz vielleicht eine negative Eigenschaft? Dann gibt es nicht Gott, sondern den Teufel. Ist diese Welt vielleicht die *schlechteste* aller Wel-

ten? Beweisen meine Irrtümer nicht, dass es den *Teufel* gibt? Sind nicht meine Triebe und Wünsche Belege dafür? Ist nicht auch der Teufelsglaube universell? Brauchen wir ihn nicht für die Erklärung des Bösen, als Maßstab für das Unwerte ...?"

(3) „*Ökonomie-Argumente*: Es besteht kein Zweifel, dass der Theismus hohen Erklärungswert hat. Letztlich kann er auf jede Frage, warum dies oder jenes der Fall sei, antworten: ‚Weil Gott es so wollte.' Wissenschaftstheoretisch sind aber solche Universaltheorien, die jedes denkbare Ereignis erklären können, besonders verdächtig: Sie können nicht ernsthaft geprüft werden, weil sie selbst dann, wenn sie falsch sind, nicht als falsch erkannt werden können."

(4) „Fraglos kann niemand beweisen, dass es keinen Gott gibt. Aber gerade deshalb können wir auch nicht auf einen solchen Beweis warten. Theistische Auffassungen hatten lange genug Zeit, Belege aufzutreiben; sie sind aber regelmäßig gescheitert. Wie sollten wir diesen Misserfolg erklären wenn nicht durch die Annahme, dass es den theistischen Gott einfach nicht gibt?"[62]

Neuere theoretische Einwände: Gott in den Genen – Gott im Gehirn?

In Abwandlung jener klassischen Religionskritik, wonach Gott nichts ist als eine Funktion am Ich, begegnen in jüngster Zeit vor allem zwei Argumente gegen die Existenz eines Gottes:

(1) Das *memetische Argument*: Das Konzept „Gott" und die Verhaltensmöglichkeit „Glauben" sind erfolgreiche

Elemente der evolutionär gewachsenen Ausstattung des Menschen, die sein Überleben sichern. Der Glaube an einen Gott liefert Erklärungen für das Unerklärliche und verwandelt Bedrohungen in Sicherheit. Er macht „zukunftsoffener“, weil er das verspricht, worum es der Gattung Mensch im Überlebenskampf am meisten geht: das Weiterbestehen (über den Tod hinaus).

(2) Das *neurophysiologische Argument*: Glauben ist eine Disposition des menschlichen Hirns. Die entsprechende Reaktion auf bestimmte Reize lässt sich neurologisch beobachten und einer Hirnregion zuordnen. Gott wird als Interpretation von Vorgängen beschreibbar, die neurologisch festgelegt sind. Mit anderen Worten: Gott erscheint auch hier als eine Funktion im komplexen Ganzen des Menschen.

Allerdings überschreiten diese Einwände wissenschaftstheoretisch die Grenzen ihrer Zuständigkeit. Dass der Mensch auf eine bestimmte Weise „funktioniert“, sagt nichts über die Existenz dessen aus, was der Mensch innerhalb dieser Funktionsabläufe als existent annimmt. Es sagt noch nicht einmal etwas darüber, wie wahrscheinlich es ist, dass es etwas geben kann, was dem Menschen so sehr entspricht, dass er es gleichsam aus seiner eigenen „Veranlagung“ heraus „erkennt“. Vom Standpunkt des Glaubens an einen personalen Schöpfergott muss eine solche innere Verbindung sogar zwingend erscheinen. Konterkritisch gilt hier derselbe Hinweis, der gegen die Projektionstheorie anzumelden ist.

> „Hirnforschung kann keine Aussagen über den Glauben machen, sondern nur über Tatbestände, die dem Glauben korrelieren … Theologie und Neurologie schließen einander nicht aus. Aber es kann auch nicht das eine auf das andre reduziert werden.“[63]

Das Kernstück: Die Theodizeefrage

Für christliche Theologie ergibt sich die Theodizeefrage auf der Basis eines ganz bestimmten Gottesbildes. Es hat sich vor dem Hintergrund metaphysischer Tradition herausgebildet und behauptet Gott als *allmächtigen* und zugleich als *guten* Gott. Beide Aussagen entsprechen nicht nur dem christlichen Credo, sondern der Sache nach auch den vielfältigen biblischen Traditionen – nicht zuletzt den jesuanisch bezeugten.

Geht man von diesen Grundeigenschaften aus, dann ergeben sich erhebliche Schwierigkeiten angesichts der Tatsache, dass es vielfältiges Leiden in der Welt gibt. In schematischer Darstellung gesprochen:

1. Voraussetzung: Gott ist allmächtig.
2. Voraussetzung: Gott ist gut.
Tatsache: Es gibt Leid in der Welt.
Folgerung:
⇒ Entweder Gott ist *nicht allmächtig* und kann deshalb das Leid in seiner Schöpfung nicht verhindern,
⇒ oder er ist *allmächtig* und will das Leid nicht verhindern, d. h. er ist nicht gut – zumindest nicht nach unseren Maßstäben und im Sinne Jesu.

In dieser Fassung begegnet das Theodizeeproblem immer wieder. Ausweichversuche gleich welcher Art machen es unmöglich, den Glauben an Gott zu rechtfertigen. Genau damit aber ist die grundlegende Relevanz der Frage bezeichnet. Sie trifft mitten in theologisches Herzgelände. Theologie ist dabei doppelt herausgefordert:

- *erkenntnistheoretisch* in der Frage, von welchem Gott sie spricht und ob es vernünftig sein kann, an diesen Gott zu glauben; (Perspektive: nach innen)

- *apologetisch* in der Auseinandersetzung mit den verschiedenen Formen von Religionskritik, die sich zunehmend auf die Theodizeefrage verlegen, wie zahlreiche Veröffentlichungen der letzten Jahre zeigen. (Perspektive: nach außen)

Im theologischen Theodizee-Diskurs der Gegenwart herrschte bis vor kurzem eine Art von Konsens, der – ohne auf die Stillstellung der Problematik abzuzielen – ihre rationale Unauflösbarkeit betonte:

> „In der neueren Theologie ist verstärkt die Tendenz bemerkbar, das zu allen Zeiten bestehende, unsägliche Leiden der Kreatur nicht theologisch rechtfertigen zu wollen, sondern stattdessen die dunkle Ratlosigkeit dieser Frage auszuhalten und in die Klage und Trauer der Betroffenen einzustimmen. In ihrer Solidarität mit den Leidenden und mit den im Leben vom Tod Bedrohten wissen sich die Christen in Gemeinschaft mit Gott, der in Jesus Christus alles Widersinnige annehmend erlöst, ins Gute gewendet hat.“[64]

Mit der christologischen Deutung der Leiderfahrung zeichnet sich noch in dieser erkenntnistheoretischen Unauflösbarkeit ein existentieller Lösungshorizont ab. Der zieht sich indes von religionskritischer Seite den Vorwurf einer Überspielung rationaler Probleme zu: Die Perspektive auf Erlösung, die mit dem Christusereignis bereits real angebrochen ist und von daher auf die Aussichtslosigkeit allen Leids christlich ein anderes Licht wirft, kann nicht von der Frage dispensieren, wie sich das Bild eines dergestalt liebenden Gottes mit der Bedingung der Möglichkeit von Leid in seiner Schöpfung überhaupt verträgt.

Für J. B. Metz geht es in der Theodizeefrage „um die Frage nach der Möglichkeit von Theologie überhaupt“.[65]

Es geht um das Gottesbild, um die Denkbarkeit Gottes. Verschiedene Anläufe zur Lösung dieser theo-logischen Schwierigkeit sind unternommen worden:

Uminterpretation der Attribute Gottes

Gottes *Güte* sei anders zu verstehen als nach menschlichen Maßstäben. Kritisch steht dem entgegen, dass in aller analogen Rede von Gott zumindest grundsätzlich etwas von Gott verstehbar sein muss, sofern man überhaupt noch von ihm reden will. Anderenfalls unterscheidet man sich nicht mehr vom Atheismus. Christlicher Offenbarungsglaube geht davon aus, dass sich Gott in Jesus Christus geoffenbart habe. Damit wird unabweisbar, dass Gott in einem sehr realistischen Sinn als Liebe und Güte anzusprechen ist.

Gottes *Allmacht* wird zurückgenommen in der Vorstellung vom leidenden Gott. Kritisch ist hier zu bedenken, dass von einem im letzten machtlosen Gott – zumal angesichts des Todes – nichts zu erwarten ist. Darüber hinaus gibt der Hinweis, Gott selbst leide mit seiner Kreatur, keine Antwort auf die Frage, warum er seine Schöpfung nicht anders eingerichtet habe.

Die eschatologische Selbstrechtfertigung Gottes

Die Aporetik des Problems wird in eine Theologie der Hoffnung überführt. Nach Johann Baptist Metz hat alles Sprechen von Gott einen „Verheißungsvermerk", der jede theologische Aussage kritisiert und der Einsicht des *„deus semper maior et minor"* überantwortet. In der Zeit ist die Erfahrung Gottes zu verorten, doch ist diese Zeit schon geprägt vom Ausgriff auf eine andere Zeit. In Jesus ist diese Zeit *„schon"* und *„noch nicht"*. Sie ist anwesend im Entzug. Die eschatologische Erwartung wird damit nicht zur Problemverschiebung, sondern macht sich bereits jetzt fest, und zwar an der „Gottesmystik Jesu":

> „Sein Schrei am Kreuz ist der Schrei jenes Gottverlassenen, der seinerseits Gott nie verlassen hatte ... Jesus hält der Gottheit Gottes stand; in der Gottverlassenheit des Kreuzes bejaht er einen Gott, der noch anders und anderes ist als das Echo unserer Wünsche ...; der noch mehr und anderes ist als die Antwort auf unsere Fragen".[66]

Kritisch ist hier zu fragen, ob damit nicht der theologische Vernunftanspruch preisgegeben wird. Die logischen Probleme werden letztlich vertagt. Der Vernunft wird zugemutet, zu glauben, was sie nicht mehr einsieht oder doch nur auf der Basis eines bereits sicheren Gottesglaubens. Der aber muss theodizee-empfindlich auf dem Prüfstand stehen. Dementsprechend fragt Perry Schmidt-Leukel, „ob es trotz der scheinbaren Widerlegung der Existenz Gottes noch länger rational ist, an seine Existenz zu glauben".[67]

Christologische Deutungsversuche

Eine *transzendentaltheologische* Variante legte jüngst Karl-Heinz Menke noch einmal vor. Danach begegnet in Jesus Christus das geschichtliche Ereignis jenes absoluten Sinns, auf den der Mensch transzendental verwiesen ist. Dieser Sinn ist schon ganz im Leben Jesu verwirklicht und damit in menschlicher Geschichte verankert. Das aber heißt dann für die Theodizeefrage:

> „Wer seinerseits Jesus Christus, den endgültig und unwiderruflich mit Gott verbundenen Menschen, in sein eigenes Leben, gerade auch in seine Schwäche und Dunkelheit hineinlässt, der erfährt – vielleicht nur im geängstigten Ringen einer Ölbergnacht –, dass es einen alle Sinnlosigkeit unterfassenden Sinn gibt."[68]

In kritischer Perspektive bleibt es letztlich aber auch hier bei einer Haltung eschatologischen Vertrauens auf den je größeren Gott. Dieses Vertrauen findet Anhalt in der Glaubensgeschichte Israels und Jesu. Die endgültige Erkenntnis der Endgültigkeit des Christusgeschehens steht indes aus. Die geschichtliche Anwendung des Kriteriums unbedingten Sinns bleibt hermeneutisch vermittelt und muss sich vor der Frage verantworten, warum denn Gott überhaupt in seiner Schöpfung Leiden zulasse und es nicht bereits vorher ausgeräumt habe.

Die praktische Dimension des Problems

Leiderfahrungen widersetzen sich danach theoretischer Bewältigung. Das Problem ist so nicht lösbar, weil es sich auf dieser Ebene nicht stellt. Die Theodizeefrage wird zum Anlass theologischer Handlungstheorie, die sich auf die Leidbekämpfung konzentriert. Befreiungstheologische Ansätze laufen z. T. auf diesen Gedanken hinaus. Letztlich wird aber auch hier die erkenntnistheologische Unauflösbarkeit als Hintergrundannahme übernommen.

Theodizee aus dem Gedanken der Freiheit

Der klassische Theodizeeversuch geht von der Freiheit des Menschen aus. Ihr Missbrauch produziert zwischenmenschliches Leid, das somit nicht Gott, sondern seinem in die Freiheit entlassenen Geschöpf anzulasten ist. Dabei ergibt sich aber das Problem der natürlichen Übel wie Erdbeben, die nicht menschlich verursacht sind. Der folgende Antwortversuch skizziert eine Theodizee, die das Freiheitsmotiv schöpfungstheologisch aufgreift, zugleich aber die Grenze jeder Theodizee bezeichnet: Gott als Geheimnis der Liebe zu *denken.*

Als Grundsatz aller Theologie gilt: Gott schafft. Er geht über sich hinaus, er schafft von sich Verschiedenes. Indem er es als Verschiedenes schafft, stammt es von ihm und verweist auf ihn. Zugleich ist es aber nicht ganz ER selbst. Die grundlegende Beziehung zwischen Schöpfer und Geschöpf ist die einer *Differenz* mit Identitätsvermerk. Das Geschaffene ist auf Gott bezogen, ohne darum schon Gott selbst zu sein.

Das Geschaffene ist vielmehr es selbst. Es ist in seine Eigengesetzlichkeit entlassen, und zwar als Natur und als menschliche Freiheit. Die Evolution ist ihr Bindungspunkt. Indem Gott schafft, gibt er den Freiheitsraum, dass sich das von ihm Differente als solches entfalten kann, sich weiter ausdifferenziert. Die Freigabe aus der absoluten Identität heraus, die Gott selbst ist, besagt die Möglichkeit von etwas, das jenseits von dieser Identität als von ihr different (wenn auch nicht von Gott aus unerreichbar different) sein kann. Natur und Mensch sind von daher nicht festgelegt.

Warum schafft Gott? Gott ist ganz er selbst, ist Identität, die über sich hinaus will. In menschlicher Analogiebildung (und theologisch entsprechend den Offenbarungsdokumenten) wird als Motiv dieser Schöpfung jene Liebe angegeben, die Gott selbst ist. Liebe geht über sich hinaus. Diese absolute und mit sich identische Liebe will nicht nur sich selbst: Gott ist christlich der trinitarische, der relationale Gott, nicht ein in sich abgeschlossen selbstbezüglicher. Mit diesem Gottesbild konturiert sich eine Schöpfungslogik, die das Andere will, das von sich Differente.

Differenz besagt einen Spielraum qua Unterschied. Unterschiede schließen ein Mit- und Nebeneinander von Differentem ein; ihre Begegnung ist je eine Einwirkung. Erneut spiegelt sich darin das Gottesbild einer relationalen Wirklichkeit. Das Grundbild von Liebe ist das Grundgesetz einer Wirklichkeit, die aus Beziehungen besteht. In Beziehung leben, heißt aber: Man wirkt aufeinander ein. Das wiederum zeigt eine grundlegende Passivität an. Ohne solche Passivität kann es keine Aktivität geben und also auch keine Freiheit. Passivität meint hier: dem Anderen ausgesetzt sein, der auf das Ich einwirkt, den das Ich erleidet schon in der Schwundstufe einfacher Begegnung: Das Ich ist ihm ausgesetzt.

Wenn Gott das von sich Differente wollte, und zwar aus seinem Wesen als Liebe heraus, dann hat er es als es selbst gewollt, als Möglichkeit zu sich selbst. Also nicht statisch, sondern als Werden und Vergehen. Denn nur so, nämlich nicht endlos, ist es in seiner grundlegendsten Eigenschaft von dem unterschieden, der anfangs- und endlos ist: *das Anderssein des Differenten ist radikal zu begreifen.*

Damit zeichnet sich menschlich die Unaufhebbarkeit von solch fundamental verstandener Passivität ab: von einem Leiden, das in unserer Beziehungswirklichkeit grundgelegt und unumgänglich ist; das Abstufungen kennt, die bis zu einer Form von Passivität führen, die jeden Begriff davon zerreißen und letztlich doch darin gründen.

Das aber lässt weiterfragen: Warum hat Gott nicht besser geschaffen? Gott hat die Welt nicht in *diesem* Zustand geschaffen. Er hat sie als Entwicklungsspielraum eröffnet, und nur in einer natural begriffenen Freiheit als entwickelte ist sie nicht einfach als solche bestimmt. Freiheit und Werden gehören zusammen. Zur Verhinderung von Passivität, also Leidensmöglichkeit, müsste alle Beziehung ausgeschlossen werden.

Letztlich stellt dies erneut die Frage, warum Gott überhaupt geschaffen hat. Es gibt hier keine Antwort ohne Frageüberhang. Das Warum ist die Frage nach dem Wesen Gottes. Sie ließe sich der Logik nach auch anders stellen: Woher „kommt" Gott? Anfangs- und Endlosigkeit sind die einzig möglichen Antworten, aber sie lassen sich menschlich nicht denken. Sie sind Antworten und zugleich keine. Auch der Gedanke, dass Gott Liebe ist und also aus seinem Wesen heraus als Liebe schafft, bietet ein Denkbild an, das soviel sagt, wie es verschweigt. Das ist trivial und doch immer neu in jedem Theodizeeversuch als Baugesetz zu erinnern. Hier gilt der unbedingte Einspruch Negativer Theologie, die das

Anderssein in einer Weise betont, welche zugleich das Bedürfnis des menschlichen Verstehenwollens kritisiert.

Mit dem Christusereignis, dem unfassbaren Geschehen von Kreuz und Auferstehung, mit dem Tod der Liebe am Kreuz wird solches Denken der Ausweglosigkeit, der Aporie zum Baugesetz theologischen Sprechens. Das Denken verliert sich hier an seinen Gegenstand. Es vermag ihn nicht zu halten, zu fassen.

In der Theodizee-Frage geht es vor allem darum, ob man von Gott angesichts des Leids der Welt noch sprechen kann. Theologisch ist hier weiter zurückzufragen: Wie können wir als Christen überhaupt von Gott sprechen? Als Christen nur im Bezug auf den als Christus bekannten und erkannten Jesus von Nazaret. Dabei zeigt sich eine elementare Spannung:

- *Einerseits* sind wir auf die konkreteste Positivität in unserer Gottrede verwiesen, weil wir sie am Christusgeschehen festmachen können und müssen.
- *Andererseits* bleibt noch im christologischen Sprechen von Gott jenes Moment des Unerkennbaren, das unser offenbarungstheologisches Denken grundlegend kennzeichnet: Gott ist der offenbar-verborgene, der im Entzug gegenwärtige.[69] Die Rede von „Gott als dem Geheimnis der Welt“ (E. Jüngel) markiert dies.[70]

Damit wird aber auch eine ganz eigene Antwort auf die verschiedenen religionskritischen Anfragen formulierbar: Gott bleibt jüdisch-christlich der Unverrechenbare, der Bezugspunkt einer Wirklichkeit, in der er sich festmacht, ohne in ihr aufzugehen. Alle Forderung nach Beweis und sicherer Erkenntnis unterbietet diese Grundeinsicht des Glaubens. Gotteserfahrung ist christlich an die Gestalt des Jesus von Nazaret gebunden, an seine Glaubwürdigkeit und die der Zeugen, die von ihm als dem Christus Gottes sprechen: In ihm begegnet Gott selbst (und nicht irgendetwas von ihm). Dass sich diese Erkenntnis am Kreuz festmacht, stellt zugleich unmissverständlich klar, dass Gott sich nicht im Zerrspiegel unserer Projektionen und Illusionen gefangen nehmen lässt.

6. Kulturtheoretische Christentumskritiken

Eine Eigenart von Religionskritik besteht in ihrer kämpferischen Explosivität. Sie muss vielleicht schon deshalb streitbar veranlagt sein, weil sie lange Zeit aus einer Außenseiterposition zu argumentieren hatte. Dazu gehört ein weiterer Aspekt: Religionskritik tauscht eine grundlegende Sicherheit im theoretischen wie praktischen Weltverhalten gegen nichts gleichermaßen Stabiles ein. Letzte Fragen bleiben offen. Hoffnung auf Sinn, der über den Tod hinaus gilt, wird ohne transzendenten Bezugspunkt absurd. Max Horkheimers Prognose scheint sich zu erfüllen:

> „Theologie ist – ich drücke mich bewusst vorsichtig aus – die Hoffnung, dass es bei diesem Unrecht, durch das die Welt gekennzeichnet ist, nicht bleibe, dass das Unrecht nicht das letzte Wort sein möge."
>
> [Aber:]
>
> „Man wird das Theologische abschaffen. Damit verschwindet das, was wir ‚Sinn' nennen, aus der Welt. Zwar wird große Geschäftigkeit herrschen, aber eigentlich sinnlose, also langweilige."[71]

Eine Entschiedenheit der Haltung ersetzt von daher religionskritisch nicht selten das Bedürfnis nach einer Gewissheit, die der religiöse Glaube *inhaltlich* einlöst. Dies verbindet sich dann mit dem intellektuellen Überlegenheitsgefühl aufgeklärten Bewusstseins.

Bis heute hat sich an religionskritischer Angriffslust wenig geändert. Ungebrochen scharf werden manche Anfragen vorgetragen, und der missionarische Elan übertrifft jenen, der im Gegenzug Religionsvertretern angelastet wird.

Es herrscht hier mitunter ein selbstverständliches Recht des Halbwissens und sogar diffamierender Unterstellung. Sie kann Formen annehmen, die politisch zum Rücktritt zwingen würden – etwa in der Parallelisierung von Christlichem und Nationalsozialismus.

- Franz Buggle charakterisiert den religiösen Intellektuellen in seinen „geistigen Verrenkungen" als einen Typus, „wie ihn Hannah Arendt einmal in einem Interview kennzeichnete, dem nämlich dann, wenn es um die Rechtfertigung einer herrschenden Ideologie ging (damals war es der Nationalsozialismus), ‚immer etwas einfiel'."[72]
- Manfred Schneider stellt das Christentum in eine Tradition, die an der Ausbildung der Figur des Barbaren beteiligt war. Das Christentum wurde damit selbst verhängnisvoll traditionsmächtig. Man beteiligte sich an der Ausstattung des Barbaren als einer Erlöserfigur, wobei Jesus Christus selbst z. T. als Barbar konfiguriert wurde. „Adolf Hitler hat vorerst als letzter die rauhen Kleider dieses Erlösers getragen."[73]

Fundamentalkritische Abrechnungen: Streitschriften

Weitere Beispiele zwischen *Hass, Spott* und *Ekel*[74] liefern die verschiedenen Streitschriften, die immer wieder den Meinungsmarkt bestücken. Sie lassen sich als Modelle religions- bzw. christentumskritischer Haltungen beschreiben und sind zugleich als *Stilanalysen* zu lesen, die mentalitätsgeschichtlichen Aufschluss über die Wahrnehmungsformen des Religiösen heute versprechen.

Günter Weber: Christentumskritik aus dem Innenraum

Zunächst ist auf einen besonderen religionskritischen Vorgang hinzuweisen: Häufig stammen die schärfsten Angriffe von ehemaligen Gläubigen. Ein Sonderfall ist Günther Webers Buch „Ich glaube, ich zweifle. Notizen im Nachhinein".[75] Weber löst aus einem bleibenden Glaubensinteresse heraus religionskritisch wesentliche Glaubensinhalte auf. In seinen „Notizen" konturiert sich eine religiöse Biographie. Ihr Forum ist nicht die abwägende Vernunft. Das Buch will nicht den Diskurs; es ist auf weite Strecken eine christentumskritische Abrechnung. Das wirkt auf die theologische Substanz dieser „Notizen" zurück. Dabei stellt es Fragen, die aus einer Situation bedrängender Glaubensnot für viele Menschen aktuell werden:

- Widerspricht nicht naturwissenschaftliche Erkenntnis dem jüdisch-christlichen Schöpfungsglauben?
- Wie ist ein Gott in Geschichte denkbar, wenn man ihn nicht oder nur als fehlend erfährt?
- Lässt sich die Offenbarung eines transzendenten Gottes als seine Selbstmitteilung – in einem Menschen, in geschichtlicher Immanenz – denken?
- Muss nicht die christliche Erlösungslehre mit ihrer „Opfertheorie als ein *atavistischer Rückfall* in das Denken archaischer Frühformen des Religiösen" (172) erscheinen?
- Was bleibt nach den Lektionen in Entmythologisierung vom biblischen Vorstellungsinventar noch glaubwürdig?

Darüber hinaus begegnen weniger theoretische Kritiken:

- an der historischen Schuld der Kirche(n);
- am hierarchischen Amt und an der Funktion des Papstes, zumal in der Interpretation Johannes Paul II.;
- an kirchlichem Machtinteresse;
- an (unspezifischem) Konservativismus bzw. Fundamentalismus etc.

Nun ließe sich einiges theologisch einwenden: dass z. B. die Evolutionstheorie längst die katholische Kirche und Theologie erreicht hat; dass die Satisfaktionstheorie in der nachkonziliaren Soteriologie anders gefasst wird etc. Wichtiger aber ist im gegebenen Zusammenhang etwas anderes – die Konstruktionsform der Kritik. Sie entspricht ähnlichen Entwürfen, die von einer Außenperspektive formuliert werden, wie im Folgenden am Beispiel der Anwürfe von Herbert Schnädelbach zu zeigen sein wird. Zunächst ist hier festzuhalten: Weber spricht immer wieder in einer eindringlichen Form von der eigenen Gottesnot, vom Tasten seiner Sprechversuche vor dem Geheimnis Gottes. Zugleich aber kann er in seiner Skepsis zu Sicherheiten in der Formulierung finden, die erstaunen: „Je lauter ein kirchlicher Prediger von Gott tönt, um so weniger hat er von Gott begriffen" (46). Womit klargestellt sein dürfte, dass Weber recht genau weiß, wie man von Gott nicht zu sprechen hat – mit allen theologischen Risiken und logischen Nebenfolgen.

Weber will denkend im Glauben bleiben. Der Glaube freilich, den er sich erdenkt, hat viele Brücken zu seinem ursprünglichen Glauben abgebrochen. Es sind die entscheidenden. Unter der Hand wird aus den Notizen eine aus Bruchstücken gedachte Neuinterpretation des christlichen Glaubens. Dabei verfolgen Webers Gedankengänge eine allzu simple, nicht eigens methodologisch reflektierte Generallinie: Über religionsgeschichtliche Vergleiche wird das Christentum zu einer Religion unter vielen; ihre entscheidenden Gehalte werden kontextuell eingeebnet, ohne auch dies noch einmal kritisch zu diskutieren. Etwa geschichts- und inkarnationstheologisch: Muss nicht eine Religion wie die christliche von ihrem Grundereignis her geschichtlich verfasst sein, sich also in Geschichte entwickeln und verstricken?

Damit ist letztlich die Christologie angesprochen. Weber reduziert Jesus Christus zum *maßgebenden Menschen* (137; 164). Die Christologie ist spätere Fiktion. Paulus fungiert als ihr Erfinder. Er hat, indem er den „historischen Jesus … völlig überdeckt“ (146), „eine ganz neue Gestalt geschaffen: den ‚*Christus des Glaubens*‘. Und dieser hat mit dem wirklichen Jesus nicht mehr viel Ähnlichkeit“ (147). Mit Paulus verabschiedet Weber in einem die Christologie der frühen Konzilien, ihre „Formeln entstammen dem Denken und dem Fragen der Spätantike … Sie geben Antworten auf Fragen aus dem 2. bis 5. Jahrhundert. Wir haben andere“ (163).

Diese Interpretation steht exemplarisch für Webers „kritischen“ Ansatz. Was unter spezifischen geschichtlichen Bedingungen formuliert wurde, verliert seine Gültigkeit für andere Kontexte und Zeiten. Dass jedoch in zeitbedingter Sprache ein *Grundproblem* bedacht wurde, das auf das Gott-Welt-Verhältnis im Ganzen abhebt – dem stellt sich Weber nicht.

Ob es dementgegen überzeugender ist, bei bloß existenziellen Deutungen des Christusereignisses zu bleiben, erscheint fraglich. Etwa im Blick auf die Auferstehungsproblematik: Warum sollten die Jünger nach dem Tod Jesu und der Depression des Scheiterns zu einem Glauben zurückfinden, in dem sie anderes beanspruchen, als sie wirklich erfahren haben? Weber geht hier an den Texten vorbei und zu offener Spekulation über: „Dieser Jesus hatte wirklich etwas in Bewegung gesetzt, was über seinen Tod hinaus wirkte. Es war fast so, als ob er nicht tot im Grab läge, sondern noch als Lebender mitten unter ihnen wirkte, mächtiger als zuvor“ (186). Hier wie so oft geriert sich Weber kritischer, als sein Denken tiefenscharf ist. Es bleibt an der Oberfläche.

Webers Versuch, im Christentum zu bleiben, ist *im Motiv* aller Ehren wert. Immer wieder spürt man die Leidenschaft für Gott, die wohl auch seine polemischen Attacken gegen eine immer wieder machtkorrupt gezeichnete Kirche leiten. „*Der Glaube an Gott pervertierte zu einem Glauben an eine Institution*“ (210). Dieser Satz steht für eine Christentumskritik, die aus dem Innenbereich heraus zwar keine grundsätzliche Absage an den Gottesglauben formuliert, dem aber schon deshalb zuarbeitet, weil sie letztlich nicht kritisch genug vorgeht. Vernünftig ist, was dem Autor einleuchtet. Die theologischen Standards, verantwortet in kirchlicher Glaubens- und Wissenschaftsgemeinschaft, verlangen mehr.

Burkhard Müller: Kritische Verwunderung

Ein anderes Kritikmodell verspricht der „Schlussstrich" von Burkhard Müller.[76] Möglichst affektfrei soll nicht die konkrete geschichtliche Gestalt des Christentums, sondern seine *Idee* getroffen werden. Damit sind apologetische Rückzugsmöglichkeiten auf ein denkbares Ideal verstellt. Das Konzept selbst ist dran: seine Widersprüche, das Unglaubliche und Unglaubwürdige, die offensichtliche Agonie seines Gedankens, der an rationaler Auszehrung stirbt.

Methodisch setzt der Autor bei einer Bestimmung des Christentums über das Neue Testament als „Gründungsdokument" (16) an. Die Form des Textzugangs ist dabei entscheidend.

> „Das Neue Testament soll nicht philologisch, sondern physiognomisch angeschaut werden: nicht als Struktur, die in der Tiefe zu erschließen wäre, sondern als Text, der als offene Oberfläche daliegt, gleichmäßig durchgebildet in Sätzen, die jeweils etwas besagen, teils mit Absicht und teils unfreiwillig; als Wortgestalt. Das ist seinem Anspruch der Heiligkeit nicht unangemessen, verträgt sich aber auch mit dem unbefangenen Ernst, mit dem man etwa die Benutzungsanleitung für ein Küchengerät liest ... Sieht man einen Menschen, der einen interessiert, an, so sucht man nicht durch einen Blick ins Nasenloch die embryologische Genese seines Schädelknochens zu rekonstruieren, man gibt auch nicht einer Pore auf der Oberlippe den Vorzug vor anderen Einzelheiten, sondern man betrachtet dieses Gesicht als Ganzes, um seinen

Ausdruck zu erraten, nicht analytisch, sondern indem man die naive Synthese, die ein jedes Gesicht von Haus aus darstellt, auf sich wirken lässt ... Seien wir getrost: In einem Gesicht ist alles eigentlich." (17)

Dieses hermeneutische Vademecum ist so erstaunlich wie charakteristisch: Der Verzicht auf die historisch-kritische Methode wird zum Programm. Unbefangenheit ersetzt den wissenschaftlichen Zugang, den der Autor als Laie nach eigener Auskunft weder leisten kann noch will, weil ihm die Zeit bzw. die professionellen Mittel fehlen.[77] In diesem Zusammenhang taucht ein interessantes Nebenmotiv auf. Müller spricht sich vorab vom Vorwurf frei, unwissenschaftlich zu arbeiten, indem er die Theologen als „Inhaber von Pfründen" (99) ausweist. Die anderen haben nicht die Zeit, sich so intensiv mit dem Thema zu beschäftigen. „Wer sich gegen das Christentum ausspricht, steht ohne den Rückhalt einer Pfründe" (100). Der Sachgehalt von Argumenten, die Überprüfbarkeit von Fakten, die Angemessenheit der Zugangsweisen, kurz: Die Standards wissenschaftlicher Erkenntnis gelten für den Sonderfall einer Christentumskritik mindestens eingeschränkt, wenn sie nicht außer Kraft gesetzt werden. Schließlich sind strukturelle Vorteile auf Seiten der christlichen Verteidiger als bestallter Staatstheologen anzunehmen. Dass es auch „professionelle" Religionskritiker gibt, die sich im Rahmen ihrer wissenschaftlichen Disziplin mit diesen Fragen auseinandersetzen, ist angesichts dieser Notstandserklärung noch der nebensächlichste Hinweis.

Immerhin gibt Müller einer Hilflosigkeit Ausdruck, die für Atheisten, Zweifelnde, aber genauso für viele Glaubende gilt. Man bewegt sich auf unsicherem Theorieboden, wenn man sich argumentierend auf das einlässt, was einen mit Paul Tillich „unbedingt angeht". Man weiß zu wenig. Man kennt sich nie genau genug aus. Gerade deshalb ist ernst zu nehmen, was Müller inhaltlich vorträgt: um informieren zu können und weiteren Einspruch zu ermöglichen. Denn nur so lässt sich (christlich) überzeugen.

Entsprechend werden im Folgenden Einwände wiedergegeben, die eine kleine gegenchristliche Summe der Fragen ergeben.

(1) „(I)m Neuen Testament erscheint der Glaube durchweg als eine Gewissheit, die sittliche Verdienstlichkeit besitzt, ganz so, wie wenn er ein Handeln wäre – was undenkbar sein müsste, wäre er wirklich eine Gewissheit." (19)

Der Gedanke übersieht, dass der Glaube als Lebenseinstellung nicht ohne eine Entscheidung zu haben ist, die wiederum lebensrelevant bleibt. D. h.: Glaube ist performativ, also Handlung – analog zu den Sprechhandlungen wie „Ich verspreche" etc., mit denen man die Wirklichkeit herstellt, die man sprachlich aktiviert. Unabhängig von der ökumenischen Problematik von Gnade und Verdienst ist Glaube deshalb nicht irrelevant für das Heil, also die Stellung des Menschen vor Gott und zu Gott, weil man glaubend einen Standpunkt bezieht. Wer glaubt, sieht von sich ab – er überschreitet, er transzendiert sich selbst. Er überwindet Egoismus und wird fähig zur Liebe.

(2) „Das universale Liebesgebot läuft dem Wesen der Liebe zuwider. Denn was wäre die Liebe wenn nicht die dem Liebenden selbst unbegreifliche Bevorzugung des Geliebten vor den Anderen?" (25)

Hier verwechselt Müller erotische Liebe mit der neutestamentlichen. Vorstellung von Liebe als *Agape*, gekennzeichnet durch den Unterschied der primären Ausrichtung auf Begehren bzw. Hingabe. Im Liebesgebot geht es um die Öff nung des Selbst für eine Annahme des Anderen und Fremden; es geht um die Aufsprengung des egozentrischen Selbst. Die Verschränkung von Gottes- und Nächstenliebe fordert die Bereitschaft des Menschen zur Selbsttranszendierung. Dabei muss Liebe nicht interesselos sein. Der Selbstbezug wird nicht unterschritten: „Liebe deinen Nächsten *wie dich selbst*!"

(3) „Ich möchte bezweifeln, dass Unsterbliche recht lieben oder geliebt werden können. So mag es auch schließlich mit der Liebe Gottes zu den Menschen nicht weit her sein. Liebte er sie, wie ließe er sie sterben (denn das liegt doch in seiner Macht); lässt er sie aber sterben, wie kann er sie lieben?" (26)

Der Unendliche wird für Müller christlich zu menschlich gedacht und genau so dann *unmenschlich*. Überhaupt sei es unvorstellbar, dass ein Gott Mensch werden könne. Wozu auch? Und die vorgebliche Erscheinung des Gottes in Jesus von Nazareth: „War Gott zu mehr als diesem kläglichen Gastspiel nicht in der Lage?" (68) Die Vermittlung des Absoluten an das Kontingente stellt die Vorstellungskraft auf eine zu große Probe. Und zwar auf ähnliche Weise wie sich anschließende Glaubensgehalte: das *Gericht* – „vollends ein unerträglicher Gedanke" (84); *Auferstehung des Fleisches* – „was für eine schreckliche Vorstellung" (86). Insgesamt trifft die christliche Glaubenswelt auf die skeptische Einsicht in die „Unwahrscheinlichkeit", dass dies alles so sei.

Der Anstoß der Paradoxie im Glauben ist es, an dem das Christentum nicht vorbeikann. Hier bleibt es beim (eschatologischen) Verweis, der in jeder Einzelerklärung doch über das *Mysterium fidei* nicht hinwegbeschwichtigen darf. Gott bleibt die absolute Liebe, die uns in Jesus Christus nah kommt und zugleich unbegreiflich bleibt. Spannungsreich ist dies in der bildhaften Erzählung vom ungläubigen Thomas auserzählt (Joh 20,24–29) – die Wunden, das, was nicht aufgeht, sind integraler Bestandteil des Glaubens.

Angesichts von Glaubenserfahrungen gilt es, sich zu entscheiden. Die Glaubensentscheidung erfolgt im Rahmen einer hermeneutischen Tradition, die katholisch an die Kirche gebunden ist. In ihrer Überlieferungsgemeinschaft wird Glaube zum Kommunikationsphänomen in einem komplexen, lebenspraktischen Sinn. Dass Müller vor diesem Hintergrund an einem Gespräch nicht interessiert ist, lässt jeden Einwand vorab ins Leere laufen. Hier spricht für sich, was religionskritisch nicht selten begegnet – als Haltung:

> „Über all das mit Christen zu sprechen, lehne ich ab. Mit Christen, genauer: mit Theologen, kann man so wenig sprechen wie mit der Psychoanalyse ... Sie dulden nichts, was sich gegen ihr System kehrt, sie deuten es als Symptom; jeder Wider*spruch* wird ihnen zum behandlungsbedürftigen Wider*stand*. (97)
> Die Blütezeit der Scheiterhaufen ist nun wiederum vorüber, und wiederum sehen wir die Theologen in eine Phase der falschen Großmut hinübergewechselt, in der sie – statt zu zerstören, was ihnen missfällt – denn davon gibt es inzwischen viel zu viel, und sie dürfen auch nicht mehr so, wie sie wohl wollen würden, wenn man sie wirklich ließe – vielmehr appropriieren, was ihnen nicht gehört.“ (99)

Ein Nachsatz ist hier noch anzuschließen. Er stammt aus der Buchbesprechung von Thomas Steinfeld, dem damaligen Literaturchef der FAZ: „Burkhard Müller hat eine große Kritik des Christentums geschrieben: Er macht den Atheismus nicht billiger als den Glauben.“[78] Vielleicht liegt in solcher Wahrnehmung die eigentliche, die wichtigere Religionskritik verborgen.

Franz Buggle: Anatomie der christlichen Destruktivität

Die Streitschrift von Franz Buggle: „Denn sie wissen nicht, was sie glauben“[79] ist mit vollem Recht als Fundamentalkritik zu bezeichnen. Buggle untersucht die Bibel als Grund lage des Christentums auf ihre inhumanen Gehalte hin. Er entdeckt einen verhängnisvollen Zusammenhang der zentralen Glaubensdokumente, sprich: wesentlicher Partien des Alten und Neuen Testamentes, mit den destruktiven Auswüchsen des Christentums. Seine Schuldgeschichte ist danach nichts Äußerliches, Zufälliges, kein Betriebsunfall, sondern auf eine bestimmte Weise konsequent.

„Ein Buch, eine *Normen*quelle aber, die mit dem Anspruch auftritt, aufgrund göttlicher Inspiration Leitlinien mit absolutem Geltungsanspruch zu vermitteln, deren Bedeutung also nicht nur und nicht primär darin liegt zu vermitteln, wie die Dinge sind, sondern wie sie sein *sollen*, darf nicht neben auch positiven Inhalten eine solche Fülle archaischer, zutiefst inhumaner und ethisch höchst verwerflicher Leitbilder als göttlich inspiriert und damit das ihnen entsprechende Verhalten als göttlich legitimiert und von Gott autorisiert vorstellen, explizit oder implizit durch göttliches ‚Modellverhalten'." (32 f.)

Was sind diese inhumanen Vorstellungen? Buggle eröffnet einen weiten Katalog:

- Das Christentum arbeitet durchgängig mit Vorstellungsmustern von Gewalt. Nicht nur das Alte, sondern auch das Neue Testament zeigt immer wieder entsprechende Infektionsherde.
- Auch deshalb lebt das Christentum von Strategien der Intoleranz, wenn z. B. Andersgläubige beschrieben und zur Bekehrung freigegeben werden. Die christliche Missionsgeschichte erscheint von daher zu erheblichen Teilen terroristisch veranlagt.
- Folgerichtig ist der Umgang mit Minderheiten problematisch: von der Verurteilung Homosexueller über die Diskriminierung psychisch Kranker als dämonisch Besessener bis zur patriarchalischen Unterordnung der Frauen.

- Auf dieser Linie erhält das Christentum sadistische Züge, wo es sich z. B. das Jüngste Gericht ausmalt, vor allem aber und grundlegend in der Deutung des Kreuzestodes Jesu als „Sühne“ zur Versöhnung Gottes.
- Diesem zweifelhaften Gottesbild entspricht die „absolute Willkür des biblischen Gottes und die Forderung nach bedingungslos-rechtloser Unterwerfung“ des Menschen (151). Der Mensch ist gegenüber Gott ein Nichts, was wiederum psychologische Folgen hat. Das Christentum hinterlässt eine eigene Krankheitsgeschichte.

Zusammengefasst:
(1) *Der Befund*:
„Gewalttätigkeit als Mittel der Verhaltenssteuerung durch Zufügen von physischem Schmerz und Leiden bis zur physischen Vernichtung oder Drohung mit diesen Maßnahmen ist weithin kennzeichnend für die biblische Einstellung gegenüber (norm-)abweichendem Verhalten (Sünde) in sehr umfassender und häufig exzessiver Weise.“ (68)

(2) *Die Folgerung*:
„Ein Buch, das den Anspruch erhebt, eben nicht nur menschlichen Ursprungs, sondern (gar in ‚allen ihren Teilen‘) göttlich inspirierter Basistext und letzte Leitlinie und Instanz ethisch-moralischen und religiösen Denkens und Handelns zu sein, darf nicht in diesem großen Ausmaß exzessiv inhuman-archaische Projektionen, Modelle, Leitbilder enthalten. Dies muss sich äußerst verhängnisvoll auswirken und hat sich so ausgewirkt: Die wirkliche, nicht die in unseren Schulen hochselektiv gelehrte Kirchengeschichte ist voller Belege.“ (94)

Das Belegmaterial entnimmt Buggle der Bibel, wobei er sich auf die Texte bezieht, die in Theologie und Liturgie eine besondere Rolle spielen. Zu Recht macht Buggle in diesem

Zusammenhang darauf aufmerksam, dass besonders in der Auswahl gottesdienstlicher Lesungen einseitig vorgegangen wird. Es gibt ein erhebliches Verdrängungspotential anstößiger Partien. Es gibt eine Beschränkung des biblischen Gottesbildes auf das, was passt. Diese Kritik ist ernst zu nehmen und verlangt nach einer theologischen Vermittlung dessen, was fremd erscheint und bleibt. Es auszusparen, bedeutet nichts anderes als eine Unterschlagung, wenn nicht gar ein Vorbeilügen an dem, was nicht einfach aufgeht. Nicht zuletzt die geschichtliche Gestalt, theologisch gesprochen: Die inkarnatorische Dimension der Heiligen Schrift wird so unterschätzt. Und nur auf dieser Basis wird sich auch eine Antwort auf jene Anfrage formulieren lassen, die sich mit dem Verweis auf die dunklen Seiten der Kirchengeschichte dramatisch anmeldet.

Gleichzeitig ist aber auch die Konstruktionsform dieser Kritik zu markieren: Buggle übernimmt die Voraussetzungen jenes Fundamentalismus, dessen Auswirkungen er so energisch bekämpft. Aus der kirchlichen Interpretation der Heiligen Schrift als „Wort Gottes" leitet Buggle Gott selbst als Verfasser ab: Der gegebene Text ist unmittelbar *sein* Text. Gott hat sich wörtlich identifiziert.

> „Und man kann Gott als Urheber der Heiligen Schrift schlecht entschuldigen mit dem Hinweis, die Bibel habe eben in der Sprache ihrer Zeit reden müssen, wenn Gott selbst als alleiniger Schöpfer, als Urheber dieser inhumanen Beschränktheit angesehen werden muss, und diese ‚angepassten' Redensarten und Bilder zu solch grauenhaften, für Gott ja vorhersehbaren Konsequenzen geführt haben (um einmal auf die Absurdität dieses immer wieder gebrauchten apologetischen ‚Argumentes' einzugehen." (172)

Buggle bezieht sich mit diesem Ansatz nach eigener Auskunft auf das Selbstverständnis der christlichen Kirchen. Vor diesem Hintergrund sind für die katholische Kirche die Aussagen des 2. Vatikanischen Konzils zur Offenbarung zu überprüfen. Die dogmatische Konstitution über die göttliche Offenbarung „Dei Verbum“[80] hält folgende theologische Grundsätze fest:

- Offenbarung „ereignet sich in Tat und Wort, die innerlich miteinander verknüpft sind“ (Nr. 2); sie erschließt sich letztlich in Jesus Christus. Gerade weil Handlungen nicht eindeutig sind, erhält Offenbarung immer den Charakter einer Deutung.
- Dass Interpretation in diesem Bereich unvermeidbar ist, belegt die starke Betonung der Tradition, in der Offenbarung vermittelt und an die verschiedenen Zeiträume weitergegeben wird (Nr. 7–10). Dies schließt Übersetzung ein – im wörtlichen wie übertragenen Sinne.
- Offenbarung adressiert sich an konkrete Menschen, sie ist dialogisch angelegt, weil sie auf freie Annahme zielt und weil sich Gott selbst mitteilt (Nr. 6) – weil er in Jesus Christus sich selbst als Liebe offenbart.
- Gerade mit dem christozentrischen Ansatzpunkt von „Dei Verbum“ ist Offenbarung als ein geschichtliches Ereignis zu verstehen. Das hat wiederum Konsequenzen für das Verständnis der Heiligen Schrift:

  > „Da Gott in der Heiligen Schrift durch Menschen nach Menschenart gesprochen hat, muss der Schrifterklärer, um zu erfassen, was Gott uns mitteilen wollte, sorgfältig erforschen, was die heiligen Schriftsteller wirklich zu sagen beabsichtigten und was Gott mit ihren Worten kundtun wollte.“ (Nr. 12)

Das Konzil verabschiedet sich damit vom Gedanken einer Verbalinspiration, von der Vorstellung eines göttlichen Diktats entsprechend dem Empfang des Korans durch Muhammad. Vielmehr wird die Heilige Schrift dadurch heilig, dass sich in ihr vermittelt, „was Gott zum Heil aller Völker“ (Nr. 7) offenbart – und eben dies bleibt in der Schrift „für alle Zeiten unversehrt erhalten“ (Nr. 7). Die konkrete Vermittlung schließt durchaus in der Aufnahme und Weitergabe der Botschaft veränderte Interpretationen ein:

„Diese apostolische Überlieferung kennt in der Kirche unter dem Beistand des Heiligen Geistes einen Fortschritt: Es wächst das Verständnis der überlieferten Dinge und Worte durch das Nachsinnen und Studium der Gläubigen, die sie in ihrem Herzen erwägen (vgl. Lk 2,19–51), durch innere Einsicht, die aus geistlicher Erfahrung stammt, durch die Verkündigung derer, die mit der Nachfolge im Bischofsamt das sichere Charisma der Wahrheit empfangen haben; denn die Kirche strebt im Gang der Jahrhunderte ständig der Fülle der göttlichen Wahrheit entgegen, bis an ihr sich Gottes Worte erfüllen." (Nr. 8)

Insofern Offenbarung als dynamischer Prozess zu begreifen ist, und zwar sowohl im Blick auf die Entstehung der Bibel als auch in ihrer Anbindung an ihre Überlieferung, wird ihr nur ein geschichtliches Denken gerecht. Theologisch ist darüber hinaus zu berücksichtigen, dass auch das in der Schrift Gesagte unter eschatologischem Vorbehalt und also nicht in seiner Wörtlichkeit für sich steht:

> „Diese Heilige Überlieferung und die Heilige Schrift beider Testamente sind gleichsam ein Spiegel, in dem die Kirche Gott, von dem sie alles empfängt, auf ihrer irdischen Pilgerschaft anschaut, bis sie hingeführt wird, ihn von Angesicht zu Angesicht zu sehen, so wie er ist (vgl. 1 Jo 3,2)" (Nr. 7).

Buggle praktiziert demgegenüber eine wörtliche Auslegung. Jede Kontextualisierung ist für ihn Ausrede oder billige Anpassungsstrategie. Erst mit den Mitteln historisch-kritischer Exegese kann aber deutlich werden, dass die Botschaft von einem Gott, der geschichtlich wird, nur ebenso erfahren und wahrgenommen werden kann:

Offenbarung ereignet sich:
- in den Evangelien als authentisch erfahrenen Interpretationszeugnissen des Christusgeschehens;

- in den Schriften des AT als den bleibend gültigen Bezugsschriften dieses Geschehens und seiner Deutung;
- in den weiteren neutestamentlichen Texten als maßgebenden Interpretationsurkunden.

Offenbarung bleibt in diesen Heiligen Schriften normiert und setzt sich doch auf analoge Weise im Heiligen Geist als Tradition fort. Die Kanonisierung ist nämlich selbst bereits ein kirchlicher Vorgang, in dem Kirche zugleich wird. Diese deutet ihre Erfahrungen im Licht der Schrift und bindet sich zugleich an sie. Die Schrift ist als solche abgeschlossen, also unveränderlich, und ist es zugleich insofern nicht, als jedes christliche Nachfolgemodell sie aufnimmt und übersetzt, sie gleichsam weiterschreibt, verlängert, aktualisiert – als *Übersetzung*.

Gegen Buggle bedeutet das: Veränderungen im Gottesbild, ethische Klärungen gehören unverwechselbar gerade zur jüdisch-christlichen Tradition der Gottrede. Die Kritik an „archaisch-inhumanen *ethischen und religiösen* Grundeinstellungen" (197) ist von daher aufzunehmen. Damit muss allerdings nicht der Gottesglaube der Bibel fallen. Es gibt unterschiedliche, z. T. gar konkurrierende Traditionen. Christlich stellt dabei die Jesusgestalt das Kriterium aller Kritik: die Botschaft vom Reich Gottes und von Gott als Liebe. Entsprechend fordert „Dei Verbum" eine komplexe Bibelhermeneutik.

> „Da die Heilige Schrift in dem Geist gelesen und ausgelegt werden muss, in dem sie geschrieben wurde, erfordert die rechte Ermittlung des Sinnes der heiligen Texte, dass man mit nicht geringer Sorgfalt auf den Inhalt und die Einheit der ganzen Schrift achtet, unter Berücksichtigung der lebendigen Überlieferung der Gesamtkirche und der Analogie des Glaubens." (Nr. 12)

Was an Gewalt begegnet, was an inhumanen Vorstellungen eingearbeitet wurde, muss im geschichtlichen Zusammenhang begriffen werden und im Licht des Evangeliums kritisiert werden – auch dort, wo neutestamentliche Schriften inhumane Vorstellungen verwenden, um die Botschaft vom Heil des Menschen zu vermitteln. Gott wird in der Schrift *vermittelt*: sein Bild, die Erfahrung Gottes bis hin zum Leben, zum Tod und zur Auferstehung Jesu Christi. Es ist dabei zu unterscheiden zwischen der Botschaft Jesu und einer Überlieferung, die nicht in jeder Einzelheit irrtumsfrei ist, wohl aber im Gesamt, wenn und weil sie auf das Heil des Menschen zielt (Nr. 7) und in dieser Vermittlung *letztlich*, durch alle geschichtliche Schuldverstrickung hindurch, sich auf Gott selbst und den Beistand (und also auch die Kritik) seines Geistes verlassen darf. Vor diesem Hintergrund hat Johannes Paul II. auch das große Schuldbekenntnis der Kirche aufgesetzt.[81] Damit wird zugleich deutlich, dass es die menschliche Botschaft des Evangeliums ist, die jeden Verstoß gegen das Humanum zu kritisieren erlaubt, auch und gerade in den eigenen Reihen und im eigenen Traditionsbestand. Nicht die Botschaft wird damit hinfällig, vielmehr ist ihre Ausdrucksform kontextbewusst zu befragen. Erst so wird man ihr gerecht: ihrer geschichtlichen, ihrer *inkarnatorischen* Gestalt.

Kulturtheoretische Variationen

Muster einschlägiger Christentumskritik sind in verschiedenen Spielformen benannt worden. Nicht weniger fundamentalkritisch angelegt erscheinen auch die folgenden Ansätze. Allerdings heben sie sich vom bezeichneten Spektrum durch die eigenwillige Perspektive ab, die sie jeweils einnehmen. Was mit Nietzsches Angriff begann, erlebt hier seine originelle Fortsetzung. Peter Sloterdijk und Manfred Schneider bieten polemisch-psychologische Exemplare einer grundsätzlich gedachten Religionskritik, die das Christentum als Leitfaden brauchen. Die kulturgeschichtliche Verheerung dieser Religion schlägt dabei auf die Glaubwürdigkeit von Glauben zurück. Indirekt, aber kräftig genug wird diese Botschaft transportiert. Herbert Schnädelbachs Generalangriff bringt diese Tendenz auf den Punkt: Seine „kulturelle Bilanz" kann als die letzte Konsequenz gelesen werden.

Anklage Religionszynismus: Peter Sloterdijk

Für das Christentum sind Spannungsverhältnisse konstitutiv. Einige wesentliche sind in den beiden ersten Kapiteln bereits benannt worden. Ihnen entspricht die glaubenstheoretische Zuordnung von Sicherheit und Unsicherheit, auf die christliche Theologie verwiesen bleibt: „Ich glaube, hilf meinem Unglauben!" (Mk 9,24) Für Peter Sloterdijk ergibt sich daraus ein Anlass zum Vorwurf, der den christlichen „Religionszynismus" ganz grundsätzlich einer umfassenden Kultur des Zynischen einordnet:[82]

> „Von Anfang an wird die christliche Religion von einem eigentümlichen Problem verfolgt: dem Nichtglaubenkönnen" (518).

Grund ist der historische Verweisungszusammenhang, der den Glauben in einer nur indirekten Überlieferungsform auf seinen Ursprung bezieht. Was man von Jesus weiß, ist nur „außerordentlich fragmentarisch und in seiner Authentizität nicht mit letzter Sicherheit fassbar" (518). Der Glaube erscheint als Interpretation von Interpretationen, die sich ins geschichtlich Ungreifbare entziehen. Trotz der hohen Einsatz- und damit auch Faszinationskraft der Erstbezeuger liegt schon im formalen Aneignungsprozess des Glaubens, der sich zeitlich jeder Vergewisserung entfernt, ein Moment an „Unaufrichtigkeit" (518). Christlicher Glaube, weil er als bloße „Nachahmung der Nachahmung ... auf Christuslegende, Christusmythos, Christusdogma, Christusidealisierung" (518) beruht, ist lediglich Imitation, also unecht. Dies spürt der Glaube in sich – und er sucht es rational zu verdrängen, indem er es theoretisch bewältigt.

Konsequent musste im Zuge theologischer Theoriebildung „der Gegensatz von Mythos und Verstand, von Glauben und Wissen aufklaffen – und je krasser er aufklaffte, desto stärker wurde die Tendenz, ihn mit unredlichen selbst manipulativen Bewusstseinsakten zu überbrücken“ (519). Der Einbruch des Denkens in den Bereich des Undenkbaren erklärte für „vernünftig“, was nicht nur unaufklärbar, sondern sogar vernunftwidrig, zumindest aber unglaubwürdig erscheinen muss. Die religiöse Selbstverpflichtung auf den Mythos setzt dabei Vernunft nicht bloß außer Kraft, schlimmer, theologisch wird „gelogen – als glaube man dem ‚eigenen Glauben‘“ (519):

> „Die Theologie ist schon im ersten Augenblick ein Zwittergebilde aus Glaube und Zweifel, das sich in die Einfachheit des ‚bloßen Glaubens‘ zurück lügen möchte“ (519 f.).

Theologie wird zur „Kunst der Verstellung“ (513). Wer sie theologisch nicht beherrscht oder beherrschen will, wird kirchlich mundtot gemacht, um nicht auszuplaudern, dass man, statt glaubend zu wissen, wisse, man könne nicht mehr glauben:

> „Armer Hans Küng. Nach so brillanten Studien hätte er wissen müssen, dass die katholische Art, intelligent zu sein, sich nur lohnt, wenn man auch weiß, wie man sein Zuvielwissen dezent verbirgt“ (522).

Die Zuspitzung dieses theologischen Zynismus findet sich in der apologetischen Frontstellung der Theologie. Seit der Gegenreformation, exemplarisch mit den Jesuiten, hat sie gelernt, die möglichen Gegenargumente vorwegzunehmen und argumentativ zu neutralisieren. Ihren eigentlichen, bedrängenden Gehalt lässt sie nicht an sich herankommen; zumindest gesteht sie dies nicht ein. Seitdem perfektioniert die (katholische) Theologie endgültig eine „stumme zynische Reflexivität ..., die sich darin übt, die Gedanken des Gegners zu denken, ohne den eigenen ‚Bekenntnissen' anmerken zu lassen, dass man längst viel mehr weiß, als man sagt und glaubt" (521).

Die polemisch aufgegipfelte Zynismus-Kritik interpretiert so jene Spannungen, von denen sich Glauben unter den Denk- und Wahrnehmungsbedingungen der (Post-)Moderne betroffen sieht und wie sie theologisch reflektiert werden.[83] Nicht die Bezeichnung der Spannungen selbst ist von daher das Bemerkenswerte. Vielmehr rückt mit Sloterdijk – als Protagonist und Radikalisierer polemisch-psychologischer Religionskritik[84] – das Problem der Haltung, des Glaubensstils in den Vordergrund des Interesses, weil es um die Möglichkeit geht, überhaupt noch plausibel vom christlichen Glauben zu sprechen.

Zunächst einmal: Die theologische Entgegnung kommt grundsätzlich zu spät. Der Zynismus-Verdacht holt sie immer ein. Das theologische Ich lässt sich danach nur nicht anmerken, dass es im Widerlegungsversuch seine eigenen Zweifel beiseite lügt.

Indes ist auf einem wesentlichen Punkt zu bestehen: Theologische Reflexion will und kann nicht in der Weise die Dinge klar haben, wie Sloterdijk selbst sie für sich in seiner religionskritischen Gewissheit hat. Theologie steht eben in der Spannung, die Sloterdijk sich nicht zumuten möchte und ihr zugleich nicht zutraut. Genau der Unterstellungsmechanismus Sloterdijks bricht den Zynismus-Vorwurf im Selbstbezug. Dennoch hat sich ihm die theologische Replik bewusst auszusetzen. Dabei ist zunächst der seinerseits zynische Zugriff Sloterdijks zu verdeutlichen:

(1) Sloterdijk praktiziert einen *Zynismus der Visualisierung*. Die Auswahl und Zuordnung der Bilder in den einzelnen Kapiteln, zumal in der Diskussion des Religionszynismus, hat eine suggestive, manipulative Tendenz. Honoré Daumiers „Christliche Liebe – in Spanien praktiziert" (521) zeigt einen Schützen mit Jesuitenhut aus dem Hinterhalt. Der Textzusammenhang kombiniert das Bild mit Aus-

führungen über die jesuitische, d. h. „zynische Reflexivität" (521), die hinterhältig nicht sagt, was sie alles weiß; die als – Metaphorik! – „Miliz" im „antiprotestantischen Kampf" (522) fungiert. Der Zynismus liegt in der Zuordnung, in der manipulativen Unterstellung, in der Behauptung, im Stil, der die Sogkraft polemischer Sprache durch die psychologische Wirkung der Illustration verstärkt.

(2) Sloterdijk arbeitet mit einem *Zynismus der Totalisierung*. Historische Tendenzen, denen Details unter Verzicht auf Genauigkeit zugeordnet werden, zeigen sich zur theoretischen Konstellation mit Grundsatzanspruch vergrößert (z. B. in dogmenhistorischer Hinsicht). Die Anwendung einer Beobachtung aufs Ganze macht Opfer, nimmt sie hin: Die Theologen wissen mehr, als sie uns und sich glauben machen wollen. Der theoretische Blick zeugt von einer Kälte des Zugriffs, die den anderen fixiert, wie er im Sinne der Theorie sein soll.

(3) Der darin enthaltene *Zynismus der Unterstellung* greift auch persönlich, etwa im Küng-Hinweis. Indirekt besagt dies: Der rational und kritisch arbeitende Theologe, den das kirchliche Schicksal Küngs nicht getroffen hat, steht unter dem Vorbehalt zumindest tendenzieller Verstellung oder gar Lüge.

Die einseitige Auflösung der religiös fundamentalen Spannung von Glauben und Unglauben (Mk 9,24) macht auf die Zynismus-Gefahr aufmerksam. Sie fordert aber auch, gerade diese Spannung als solche wahrzunehmen.

Die Vorwürfe Sloterdijks unterliegen dem eigenen Verdikt. Damit sind sie indes alles andere als erledigt – die Entgegnung setzte sich sonst erneut dem Zynismus-Vorwurf aus. Es muss theologisch darum gehen, den sachlichen Gehalt der Vorwürfe einzubeziehen, um die Verhältnisbestimmung von Glauben und Zweifeln so zu fassen, dass plausibel vom christlichen Glauben *in seiner Anfechtung* gesprochen werden kann. Darin hat sich die Gleichzeitigkeit und Zukunftsfähigkeit theologischen Nachdenkens über den eigenen Glauben zu erweisen: als authentisch reflektiertes Glaubenszeugnis.

Ihren eigentlich kritischen Moment erreicht die Religionskritik Sloterdijks, wenn sie nach Glaubensgründen und dem religiösen Interesse an Begründung fragt:

> „Die christliche Theologie bedeutet den so unermesslichen wie gespenstischen Versuch, Gewissheit gerade dort zu suchen, wo sie der Natur der Dinge nach nicht sein kann.“ (519)

Glauben spielt sich genau in diesem Spannungsfeld ab. Glaubensgewissheit sucht nach Gründen, um nach innen wie außen kommunizieren zu können. Das unterscheidet zumal die christliche Glaubenstradition von jedem Fundamentalismus einer Entscheidung, der sich grundsätzlich kritischem Einspruch entzieht. Zugleich markiert der Glaube an den Gott Jesu Christi das Geheimnis als theologischen Ort, als die Grenze des Fassbaren. Geheimnis ist nicht der Sprung ins Irrationale, Flucht vor Einspruch und Argument. Von Gott als dem absoluten Geheimnis zu sprechen, beansprucht eine eigene Rationalität, die Maß nimmt am Offenbarungsgeschehen selbst, das allem Glauben Grund gibt. Jüdisch-christlich bleibt Gott gerade in seiner Offenbarung aber der je Verborgene, der in seiner Gegenwart Entzogene. Mit Walter Kasper:

> „Im Akt der Offenbarung hebt Gott sein Geheimnis nicht auf; er entschleiert es nicht, so dass wir nun über Gott Bescheid wüssten. Offenbarung besteht vielmehr darin, dass Gott sein verborgenes Geheimnis, nämlich das Geheimnis seiner Freiheit und seiner Person, offenbart. Offenbarung ist also Offenbarung der Verborgenheit Gottes.“[85]

Für das Problem der Glaubensgewissheit bedeutet dies: Spannungsverhältnisse sind unausweichlich. Glauben ist vor diesem Hintergrund biographisch als Weg zu beschreiben. Das schließt Risiken und Unsicherheiten ein. Gründe zu suchen, die zum Weitergehen motivieren, sind dabei so notwendig wie unabschließbar. Gegen den erneuerten Zynismus-Vorwurf ist dann aber zu bedenken, was Ludwig Wittgenstein über Gewissheiten festhält:

> „Die Schwierigkeit ist, die Grundlosigkeit unseres Glaubens einzusehen."[86]

Gott bleibt so der unverfügbare Grund unser Wirklichkeit, grundloser Grund, in den sich Glaube einfindet, weil er ihn für glaubwürdig hält, ohne ihn damit anders als immer nur vorläufig begreifen zu können. Sich den damit verbundenen Spannungen auszusetzen, ist weniger zynisch als vielmehr menschlich.

Anklage Barbarismus: Manfred Schneider

Als 1997 *Manfred Schneiders* kulturkritische Studie „Der Barbar" erschien, überschlug sich die Kritik: „Von den Zinnen eines alexandrinischen Elfenbeinturms herab rüttelt uns der Literaturwissenschaftler Manfred Schneider mit einem furiosen Weckruf und einer brillanten Hermeneutik des Verdachts auf."[87] „Kurz: Schneiders Buch ist ein geglückter Fall von Interdisziplinarität. Wenn allenthalben die Erneuerung der Geisteswissenschaften gefordert wird: Hier hat man sie."[88]

Schneiders Buch bietet, indem es sich an einer Theorie des Barbaren versucht, eine ganze Kulturgeschichte, die in der Figur des Barbaren den anonymen Zwilling aller kulturellen Entwicklung entdeckt. Auf dieser Basis will die Studie aktuell sein, sie „soll hineinführen in eine Problematik der Kultur"[89], die hier im Singular erscheint, also *grundsätzlich* diagnostisch getroffen sein soll: „In der Thematik des Barbaren verhandeln die europäischen Kulturen die Sache der Kultur selbst“ (11).

Der Barbar ist „eine Figur aus der Reserve unseres symbolischen Repertoires“ (9). Zumal an Zeitenwenden tritt er auf: eine beliebte Figur des kulturellen Krisenmanagements, die sich in zahlreichen Untergangsmythen auflesen lässt. Der Barbar bezeichnet diese Krisen, weil er auf ihr Ende deutet und einen Neuanfang verheißt. Und weil die Moderne „die Krise zu ihrem Emblem“ (9) machte, ist er bis heute ein Wiedergänger.

„Griechische Intellektuelle waren die Begründer des *Barbaren*-Mythos“ (19). Der Barbar, zunächst der kulturlos Unverständliche, wird zum Gegenstück der eigenen Kultur ernannt. Hier findet sich begründet, was in Verwandlungen immer neu aufgelegt wird: der Barbar vertritt die „Eigenschaften, die die eigene Kultur von innen ruinieren; und schließlich wird er zum Träger der Hoffnung auf eine Erneuerung der Kultur“ (19). So betreibt er den kulturellen Kehraus. So kehrt er wieder, erneut kulturstiftend.

Deutlich wird diese Funktion in einem Hauptstück seiner Erscheinung: im Rom-Mythos. Erst werden die Barbaren bekämpft, dann als Söldner eingezogen, und am Ende besetzen sie Rom, um seine Nachfolge anzutreten. Dieser Prozess des Untergangs Roms ist dem westlichen Kulturbewusstsein laut Schneider eingepflanzt: „Das ewige Rom ist die Ewigkeit der Interpretationen, die Roms Untergang erklären“ (47). Eine katastrophale kulturelle Urerfahrung, erneut kulturbestimmend. Nicht zuletzt darin, dass mit Rom auch der Barbar in seiner mehrdeutigen Gestalt kulturell festgeschrieben wird: als äußerste Gefahr, als letzte Rettung.

Das Auftreten des Typus ist durchgängig. Er wendet sich im barbarischen Ausbruch der Gewalt gegen das, was ihm kulturell abgeht: „das Gesetz, die Schrift, das Geld, die Bilder. Die Armut der barbarischen Kultur fasst sich so zusammen: Sie verfügt über keine Medien und über keine Repräsentationen“ (135). Der Hass des Barbaren auf alles, was sich zwischen ihn und die Wirklichkeit schiebt, zwingt ihn, ihre Repräsentationen zu zerstören, was einschließt, den kulturellen Feind „symbolisch auf den Stand des mythischen Barbaren zu bringen“ (135). Von dieser „Liturgie des Barbaren“ (87ff.) geht die Faszination des Einfachen für das Komplexe aus, das vom Einzelnen nicht mehr beherrschbar ist. Immer wieder vollzieht sich das barbarische „Kulturrecycling“. Seine Vertreter sind so zahlreich wie grundverschieden: Friedrich Nietzsche, Ernst Jünger, Martin Heidegger, Theodor W. Adorno. Und widersprüchlich sind noch seine neuen Ausgaben: Hooligans, Skinheads, Punks (245 ff.).

Noch vor diesen gibt es für Schneider einen Hauptverwandten: Jesus Christus. Dazu: Paulus. Das Christentum sei in seinen Ursprüngen barbarisch, und über das Christentum werde der Barbar selbst immer wieder kulturell einflussreich. Dieser Ansatz bezeichnet ein, vielleicht das wesentliche Motiv in Schneiders Kulturkritik, die sich somit zugleich als Christentumskritik zu lesen gibt:

> „… im Herzen der abendländischen Kultur, im Christentum, jenen Sprengsatz zu identifizieren, der noch allemal Blutbäder angerichtet hat.“[90]

Der christentumskritische Diskurs mit der Anklage auf (geheime) barbarische Tendenzen verläuft vor allem über die Frage nach dem Stellenwert des Gesetzes. Der Barbar als Naturmensch bevorzugt das Naturrecht, das ins Herz geschriebene, aus sich selbst verständliche Gesetz. Er bekämpft alles, was zivilisatorisch geregelt ist – auch und gerade das geschriebene Gesetz und seine Auslegungen, die sich zwischen ihn und den Ursprung schieben. So führt der Barbar seine Kämpfe gegen alles Mehrdeutige, gegen die Vielfalt von Lesarten, die unweigerlich mit der Gesetzesschrift entstehen. Mit der Kritik am Gesetz aber sind auch Jesus und Paulus als (Gesetzes)Barbaren entlarvt.

Kalkül bestimmt den Aufstieg der Christen als Barbaren zu der Macht, die Rom einmal füllte. „Römer waren die Barbaren der Griechen, Christen und Germanen werden die Barbaren der Römer" (61). Dies konnte gelingen, weil dem Barbaren eine gezielte Aufbesserung widerfuhr: „Christliche Politiker der Umwertung ergriffen das Wort und besangen den Charme und die Macht der Barbaren" (61). In den Barbaren-Kulturen hat sich das Christentum gezeigt (Johannes Chrysostomos). Die christliche Lehre ist dabei selbst barbarisch in der „Schlichtheit ihres Stils" (Tatian, 64) und der „Zurückführung auf einen Herrn" (Tatian, 64) statt der polytheistischen Unüberschaubarkeit der hellenistisch-römischen Welt, die nicht nur eine religiöse, sondern ebenso eine moralische und politische ist. Hier können die christianisierten Kaiser anknüpfen: Der christliche Monotheismus wird hier – laut Schneider – politisches Programm.[91]

In letzter Instanz erscheint Christus selbst als barbarischer Anfang, weil das Christentum „mit Christus die Abschaffung des Gesetzes in Aussicht gestellt hat" (79). Jesus will nicht weniger als eine „barbarische(n) Kulturrevolution" (201), die das „vollständige Recycling" (201) versucht. Das mit den christlichen Apologeten und frühen Kirchenvätern gewonnene Bild des rauen, des barbarischen Jesus kehrt in seiner Haltung zum jüdischen Gesetz wieder. Er nahm nämlich für sich in Anspruch, im eigenen, göttlich privilegierten Auftreten „das Ende des Gesetzes herbeizuführen. Der Tod am Kreuz durch das Gesetz ist dem Ende des Gesetzes dargebracht" (144). An die Stelle des Gesetzes tritt so zunächst die Unmittelbarkeit des jesuanischen Wissens um das, was Gott will. „Der Barbar Christus ist ... noch im Besitz aller jener erstrangigen Wahrheiten, die im Lauf der Zeit verfälscht und vergessen worden sind" (65). Das Gesetz muss nicht aufgeschrieben, also ausgelegt, demnach in Deutungen vervielfältigt werden – es ist in ihm. Der Beleg: die jesuanische Frontstellung gegen das Gesetz im matthäischen ‚Ich aber sage euch'. Indem er in seiner Person die ursprüngliche Einfachheit wiederherstellt, wie sie der von Gott eingerichteten Welt- als Liebesordnung entspricht, tritt dieser Gesetzesbarbar gegen alle Komplizierungen des Gesetzes auf. Endgültig erlöst Christus durch seinen Tod von der Übermacht des Gesetzes. Fortan reicht es, an ihn zu glauben.

Die christliche Gesetzeslogik entwickelt sich von hier ab indes dialektisch. Auch sie bemüht in Form von Dogmen Gesetze, die „den Glauben an das Ende des Gesetzes" (145; Röm 10,4) regeln. Und erneut stehen Gesetzesrebellen auf, die Dogmen als Interpretationen und somit als deutungsanfällige Verfallsmuster erkennen. Stattdessen empfehlen sie den barbarischen Vereinfachungsprozess zurück zum Ursprung. In Luthers „sola"-Parolen – *Allein die Schrift! Allein die Gnade! Allein Christus!* – entdeckt Schneider gleichfalls den Barbaren als Autor. Und weil das Christentum die abendländische Kultur mit dieser Dialektik ansteckte, überträgt sich bis heute die Denkform auf weitere politische Überträger, auf die Bilderstürmer aller Art, auf die barbarischen Liturgen jener Gewalt, die in der Logik der Sache – somit auch der christlichen – liegt. Christus selbst erscheint hier als einer der ersten einer ganzen Reihe von Barbaren in der Funktion von „terroristischen Vereinfacher(n)" (65), die mit ihrem radikalsten Vertreter noch nicht geendet zu haben scheint: Adolf Hitler.[92]

Der Abschied vom Gesetz ist der Anfang der Gewalt. Das barbarische Christentum bereitet der Barbarei selbst den Boden. Aus Gesetzeskritik wird Enthusiasmus, der die Grenze zur Gewalt berührt. Das Gesetz, das schriftlich fixiert ist, widersteht jeder Gewalt, die es bricht. Wo es verloren geht, geht Kultur verloren, gewinnt Barbarei Oberhand. Die Gesetzeskritik des ursprünglichen Christentums wird auf Umwegen und doch folgerichtig zur zivilisatorischen Gefahr.

Nun erscheint Schneider selbst vor diesem Hintergrund als großer Vereinfacher. Im Blick auf die Gesetzeskritik Jesu wie die des Paulus stellt er sich den Ergebnissen der Exegese nicht.[93] Jesus ist bei ihm einförmig Jesus. Es wird nicht unterschieden zwischen den verschiedenen Interpretationsstufen und Traditionen. So entsteht der Eindruck, der historische Jesus müsse als Gesetzeskritiker und gar als Gesetzesbarbar, d. h. als Gesetzesfeind vorgestellt werden. Die Problematik des uneinheitlichen Textbefundes wird nicht reflektiert. Sonst entstünde ein Bild, das Nuancen zuließe (Jesus als Erfüllung der Tora: Mt 5,17; Jesus besteht auf dem wörtlichen Bestand der Tora: Lk 16,17 par Mt 5,18; die Gottesherrschaft als Ablösung der Tora: Lk 16,16 par Mt 11,24). Schneiders Kritik operiert hier in einer Weise unkritisch, die sie selbst bis in den Kern trifft.

So ist im Blick auf das historisch Ermittelbare mit Helmut Merklein die Behauptung unzulässig, „dass Jesus selbst die Tora als Dokument des Gotteswillens abgelehnt habe“[94]. Wohl ist anzunehmen, dass sich in der nachösterlichen Reflexion der Beziehung Jesu zur Tora eine Frage abzeichnet, die über den bloßen Gegensatz der frühen Kirche zur Synagoge historisch bis auf Jesus selbst reicht. „Dass dies erst nach Ostern geschieht, deutet darauf hin, dass Jesus selbst seine Weisungen in einer noch näher zu bestimmenden Eigenständigkeit gegenüber der Tora verkündet hat. Eine Ablehnung der Tora ist damit jedoch nicht ohne weiteres gegeben. Eher dürfte die prinzipielle Anerkennung der Tora als Gotteswille geradezu die Voraussetzung dafür gewesen sein, dass Jesus das Verhältnis seiner Weisungen zur Tora nicht näher reflektierte.“[95]

Die Rolle Jesu im Rahmen seiner Verkündigung der Gottesherrschaft unterstreicht seinen Anspruch, Gottes Willen zu kennen. Ethisch ist dieser Wille Gottes entscheidend. „Was Jesus bestreitet, ist nicht die Tora als solche, wohl aber ihre Beanspruchung im Sinne einer ausschließlich schrift- und traditionsgebundenen Exegese und Interpretation des Gotteswillens.“[96] Aufgrund seines ntl. vorausgesetzten Wissens um den eschatologischen Willen Gottes kann für Jesus die Auseinandersetzung um die rechte Toraauslegung zurücktreten; damit ist das Gesetz selbst jedoch keinesfalls abgeschafft. Entsprechend erscheint die Torakritik des matthäischen Jesus als ein Versuch, die Tora in ihrem von Gott gewollten Kern tiefer zu verstehen und für ein Leben vor dem Hintergrund der angebrochenen Gottesherrschaft zu öffnen.

Der theoretische Ansatz der Christentumskritik, wie sie Schneider entfaltet, ist unhaltbar. Das Bild des gesetzesfeindlichen Jesus ist eine Konstruktion, die sich vom Textbefund nicht halten lässt. Damit wird aber der Gesamtansatz in Mitleidenschaft gezogen. Wenn das Christentum nicht bereits in seinem Ursprung gesetzesfeindlich-barbarisch ist, fällt der Vorwurf. Und wenn Schneider in der abendländischen Kultur – oftmals zu Recht! – einen „unablässig aufflackernde(n) Wille(n), die Kultur und ihre Errungenschaften wieder zu vereinfachen“[97], entdeckt, so muss er sich kritisch nach der eigenen Bereitschaft fragen lassen, hochkomplexe, differenzierte Text- und Problemlagen noch dort wahrzunehmen, wo sie sich einem Zugriff in bestimmtem Interesse verweigern.

Die starke These Schneiders, wonach das Christentum in seinem Ursprung barbarisch und von daher als Keimzelle des abendländischen Barbarismus anzusehen sei, lässt sich mit den Argumenten Schneiders nicht halten. Christentumskritik hat dabei durchaus die barbarischen Anteile von Christen in der Geschichte zu verdeutlichen. Gerade deshalb ist aber mehr Genauigkeit einzufordern: auch mehr intellektuelle Zumutung, für beide Seiten. Schneiders Kulturtheorie unterbietet in wesentlichen Partien das Niveau eines dergestalt kritischen Diskurses. Sie vergibt so Gesprächsmöglichkeiten. Dass dies so erfolgreich sein kann, dass die literarische Kritik die bezeichneten Schwächen – willentlich? – übersieht, bezeichnet indes christlich den eigentlich *kritischen Moment.*

Anklage Zivilisationsfluch: Herbert Schnädelbach

Einen (vorläufigen) polemischen Schlusspunkt neuerer Religions- als Christentumskritik setzt ein Aufsatz, den Herbert Schnädelbach unter dem sprechenden Titel „Der Fluch des Christentums“ am 20. Mai 2000 in der ZEIT veröffentlichte. Scharf werden – im Sinne des Untertitels – „sieben Geburtsfehler einer alt gewordenen Weltreligion“ zu einer vernichtenden Bilanz aufgelistet. Ihre These ist unmissverständlich:

> „Nicht bloß die Untaten einzelner Christen, sondern das verfasste Christentum selbst als Ideologie, Tradition und Institution lastet als Fluch auf unserer Zivilisation, der bis zu den Katastrophen des 20. Jahrhunderts reicht, während der christliche ‚Segen‘ stets von Individuen ausging, die das, was sie Gutes taten, allzu oft gegen den Widerstand der amtskirchlichen Autoritäten durchsetzen mussten.“[98]

Schnädelbach sieht also durchaus auch die positiven Seiten der Christentumsgeschichte. Allerdings sind sie eher als Ausreißer zu verstehen, als produktive Missverständnisse. Sie humanisieren das Inhumane, das sich grundsätzlich in der Botschaft des Christentums hält. Und was menschenfreundlich aus ihm herausklingt, ist eher dem Judentum verdankt: „zum Beispiel das Liebesgebot.“ (13)

Sieben Todsünden greift Schnädelbach aus dem finsteren Repertoire der christlichen Ideologie heraus. Zugleich kontert er damit das große Schuldbekenntnis des Papstes. Genauer: Er führt es ins Unverzeihliche zurück. Entsprechend muss statt einer möglichen Entschuldigung für konkrete Fehler, Vergehen und Versäumnisse eine rückhaltlose und vollständige Bankrotterklärung erfolgen. Das hat Methode. Schnädelbach zieht nahezu alles aufs Allgemeine und unterschlägt jene notwendigen Differenzierungen, die seinen berechtigten Kritiken Kontur verliehen hätten. Pauschale Zuschreibungen stehen stattdessen. Und wer kann sich ernsthaft damit abspeisen lassen, dass das Gute im Christentum „stets“, also immer und ausschließlich, vom Einzelnen ausgegangen sei? Hat das Christentum hier nicht mindestens pädagogisch gewirkt? Ist alles Positive nur jüdisch – einschließlich der Ausbildung des Personbegriffs (im Zusammenhang trinitätstheologischer und christologischer Problemstellungen), der so wesentlich für die Formulierung der Menschenwürde ist?

Uneingeschränkt lautet dann auch das Fazit:

> „Erst in seinem Verlöschen könnte sich der Fluch des Christentums doch noch in Segen verwandeln." (33)

Wie kommt Schnädelbach zu diesem Urteil?

Problemkreis 1: Erbsünde

Die Vorstellung von einer Erbsünde, die den Menschen ohne wirkliche Verantwortung treffe, sei „menschenverachtend" (15). Zumal die Verbindung von Sterblichkeit und Schuld schließe eine Abwertung von Menschsein ein. Das betreffe auch das paulinische Anschlussstück von der Rechtfertigung allein durch Gnade:

> „Wer sich nur durch den Glauben gerechtfertigt hält, ist bereit, sich um Adams willen oder besser grundlos beschuldigen zu lassen und dann als bloß Begnadigter weiterzuleben. Überdies kann der Begnadigte seiner Gnade niemals sicher sein" (15).

Vor diesem Hintergrund erscheine die Rede von einer christlichen Wurzel der Menschenwürde lediglich als „ein gern geglaubtes Märchen" (15).

Problemkreis 2: Rechtfertigung

Die bereits angesprochene Rechtfertigung des Sünders bedinge weiterhin eine der unerträglichsten Vorstellungen des Christentums: die Versöhnung Gottes durch den Foltertod seines Sohnes.

> „Angesichts dieses unbegreiflichen Szenariums möchte man fragen, warum der christliche Gott nicht unter denselben Bedingungen vergeben kann wie der jüdische Gott am Jom-Kippur-Fest, und dies vielleicht auch ohne Opferlamm." (18)

Problemkreis 3: Missionsbefehl
Das brutale Gottesbild entlade sich dann in nicht minder gewaltbereiten Aneignungen des Missionsauftrags. Der Gewalt des Gottes entspreche die Vergewaltigung der fremden Völker und Religionen.

> „Der Missionsbefehl ist ein Toleranzverbot, denn was anders ist als christlich, ist nur dazu da, getauft zu werden." (20) „Wo das Christentum tolerant wird, hat es sich in Wahrheit schon aufgegeben" (21).

Problemkreis 4: Antijudaismus
In der matthäischen Abtrennung des entstehenden Christentums vom Judentum liege der Treibsatz des Antisemitismus. Noch handle es sich um christlichen Antijudaismus, wenn die Schuld der Juden am Tod Jesu festgeschrieben werde. Doch die Folgen würden bereits auf das jüdische Volk herab gerufen: „Sein Blut komme über uns und unsere Kinder!" (Mt 27,25).

> „Der Holocaust war ohne das Christentum nicht möglich, viele Christen haben sich daran ohne schlechtes Gewissen beteiligt, und die katholische Kirche hat dazu geschwiegen; zu diesem Schweigen schweigt der Papst bis heute." (22)

Problemkreis 5: Eschatologie
Besonders verheerend hätten sich die Angstvisionen christlicher Endzeitprogramme ausgewirkt. Die christliche Umschreibung jüdischer Vorstellungen müsse dabei als verhängnisvolle Verschärfung gelesen werden. Die jüdische Messiashoffnung sei politisch ausgerichtet, die christliche aber individualisiert worden. Damit stehe der Einzelne unter dem Angstdruck unerträglicher Verantwortung. Christliche Erziehung habe dies einschlägig genutzt und mit Angst zum Heil erzogen. Mit weit reichenden Folgen: Eschatologie sei immer wieder in konkrete Politik übersetzt worden.

> „Natürlich macht es keinen Sinn, den ‚Seher von Patmos' für die apokalyptischen Untaten Lenins, Stalins, Pol Pots oder Hitlers verantwortlich zu machen, aber die Christen sollten

> sich fragen, wie sie es mit der Eschatologie halten wollen … In der Bibel haben die in den ‚feurigen Pfuhl' geworfenen Gottlosen die Zeche zu zahlen; nach dem Abschied von der Religion waren die an der Reihe, die im Zeichen von ‚Endlösungen' die Hölle auf Erden durchleiden mussten. Wäre es nicht christlicher, die Eschatologie unter das biblische Bilderverbot zu stellen?" (24f.)

Problemkreis 6: Platonismus

Mit dem Eintritt in die hellenistische Welt habe sich das Christentum eine unkritische Übernahme des platonischen Dualismus von Leib und Seele zuschulden kommen lassen. Die Wirklichkeit sei fortan schizophren zugerichtet worden.

> „Der Import des Platonismus führte im Christentum aber nicht nur zur Denunziation der Realität, sondern zu einer dualistischen Anthropologie mit fatalen Konsequenzen … Der christliche Platonismus bedeutete nicht nur im Kosmos, sondern auch im Menschen die normative Herabsetzung der Wirklichkeit, das heißt seiner Leiblichkeit. Das Ergebnis ist die systematische Leibfeindlichkeit der christlichen Tradition, wie sie sich besonders in der repressiven Sexualmoral der Kirchen forterbte." (27)

Problemkreis 7: Umgang mit historischer Wahrheit

Schließlich gehe das Christentum immer wieder verfälschend mit der geschichtlichen Wahrheit um. Hier werde umgelogen, verzerrt, bewusst falsch dargestellt. Die Evangelien erfänden Fakten, die zur Stützung einer Wahrheit dienen sollten, die eben die unglaubliche Lüge nicht bräuchte, wäre sie wahr:

> „Dass der sterbende Jesus Worte des Alten Testaments zitiert habe, könnte wahr sein, aber dass in seiner Sterbestunde der Vorhang im Tempel zerrissen sei, die Erde gebebt habe und Tote den Lebenden erschienen seien (Matthäus 27,51 ff), dafür gäbe es ganz sicher unabhängige Zeugen, wäre dies nicht eine Legende."

Was lässt sich an dieser Stelle entgegnen? Zunächst einmal: Eine angemessene Reaktion auf diesen breit angelegten Angriff läge in einem umfassenden Entwurf, der die Anfragen aufgriffe und im Zusammenhang des christlichen Gottes- und Glaubensverständnisses entfaltete. Selbstverständlich liegen entsprechende Systematiken bzw. Einführungen in den Glauben vor, die zumindest implizit Antwortperspektiven eröffnen.[99] Von daher kann es im Folgenden nur darum gehen, sehr ausschnitthaft die Grenzen der jeweiligen Kritik Schnädelbachs aufzuzeigen. Was die methodischen Rahmenbedingungen angeht, ist dies bereits einleitend geschehen.

Eine eigene Voraussetzung ist an dieser Stelle allerdings zu machen. Sie hat grundsätzlichen Charakter. Das Christentum ist weder historisch noch theologisch als statische Größe zu begreifen. Das bedeutet für jeden Antwortversuch, dass er selbst eine bestimmte Auffassung des Christlichen entwickelt. Das Christentum ist wesentlich die Interpretationsgeschichte seiner biblischen Gründungsdokumente und der sich in ihr festmachenden Überlieferung. Daher muss der hermeneutisch naiv wirken, der die Antwort „fortschrittlicher Theologen" als ein Vorbeilügen am tatsächlichen Stand der Dinge – und das soll wohl heißen: der biblischen Texte – brandmarkt. Diese Texte sind selbst Teil einer Deutungsgeschichte und -gemeinschaft und sie werden ebenso weitertradiert.

Ad 1: Erbsünde

Sicherlich gibt es überaus problematische Auswirkungen der klassischen Erbsündenlehre. Sie konnte zu einer einseitig pessimistischen Sicht auf den Menschen führen.

Demgegenüber ist die kritisch-*realistische* Anlage des theologischen Gedankens festzuhalten. Paulus bezieht sich im Römerbrief fortwährend auf jüdische Gesprächspartner. Es geht um den Stellenwert des Gesetzes und vor diesem Hintergrund um die Bedeutung Jesu Christi. Im Sinne der Auferweckungserfahrung des Paulus steht Jesus für die Macht des Lebens. Ihr konkurriert jene Macht des Todes, die mit der Macht der Sünde in die Welt tritt. Paulus muss sich hier in der innerjüdischen Auseinandersetzung auf das mythologisch unterfütterte, aber strikt theologisch ausgestaltete Vorstellungsinventar von Gen 3 beziehen. Der Mensch, repräsentiert in Adam, trennt sich in seiner freien Entscheidung von Gott. Diese Trennung geschieht in der Sünde, und sie hat tödliche Folgen: konkret im menschlichen Miteinander, wie die Folgegeschichte des ersten Mordes typologisch festhält (Gen 4); grundsätzlich in der Abkehr von dem, was ihn ins Leben gerufen hat und erhält: Gott (vgl. Gen 1). Der göttlichen Lebensmacht ist die Macht des Todes entgegengestellt, und sie greift in der Macht der Sünde ein.

Hier geht es, anders als Schnädelbach meint, zunächst nicht um die individuelle Schuld des Menschen. Der Weltkatechismus[100] hält deshalb fest:

„Obwohl ‚einem jeden eigen‘, hat die Erbsünde bei keinem Nachkommen Adams den Charakter einer persönlichen Schuld.“ (Nr. 405)

Vielmehr wird die Macht, moderner ausgedrückt: werden die Strukturen der Sünde und ihre tödlichen Konsequenzen in der Menschheitsgeschichte und im Handeln jedes Menschen wirksam. Erb- bzw. – genauer – *Ur*sünde bezeichnet damit ein Zweifaches: zum einen die geschichtliche und soziale Dimension unseres Handelns, ihre Kontextbestimmtheit und -bedingtheit, zum anderen die Angewiesenheit des Menschen auf eine Erlösung aus umfassenden Schuldverstrickungen, die er sich selbst nicht verschaffen kann:

„Die Lehre von der Erbsünde [oder Ursünde] ist gewissermaßen die ‚Kehrseite‘ der frohen Botschaft, dass Jesus der Retter aller Menschen ist, dass alle des Heils bedürfen und dass das Heil dank Christus allen angeboten wird.“ (Nr. 389)

Die Lehre von der Erbsünde ist von daher weniger „menschenverachtend" als vielmehr einerseits von einem anthropologischen Realismus getragen, für den das 20. Jahrhundert schreckliche Lehrstücke bereithält. Andererseits wird dem Menschen eine Hoffnungsperspektive eröffnet, die den tödlichen Strukturen der Sünde die Lebensmacht Gottes entgegenstellt, wie sie sich im Blick auf den gekreuzigten und auferweckten Jesus von Nazaret offenbart.

Ad 2: Rechtfertigung

Hinsichtlich der historischen Fakten, die zu Schnädelbachs Auflage einer christlichen Kriminalgeschichte führen, ist zumindest überleitend auf das Urteil des Kirchengeschichtlers Arnold Angenendt zu verweisen, der eine „erhebliche Zahl von zurecht gestutzen oder auch falschen Fakten und Daten" bemängelt.[101] Dass das Aufhängen von Kruzifixen den Anblick grausam Ermordeter zulasse, muss Hypothese bleiben. Zumindest sei daran erinnert, dass das Kreuz nicht die Aufforderung zum Kreuzigen beinhaltete, sondern das pure Gegenteil. Trotzdem muss man sich christlich fragen lassen, warum es so oft so wenig Widerstand gegen Verfolgung, Folter und Ermordung von Menschen gab. Am ehesten aber müsste es heißen: Hier gab es zu wenig Christsein, nicht zu viel! Zu viel Angst um sich, zu viel Machtinteresse. Zu wenig Einheit von Gottes- und Nächstenliebe (Mt 22,34–40).[102]

Damit aber steht die grundsätzliche Bedeutung des Kreuzestodes Jesu zur Diskussion. Schnädelbachs Festlegung auf Anselm von Canterburys Deutung des Kreuzes als Satisfaktion greift hier zu kurz. Anselms Vorschlag ist germanischer Rechtslogik verdankt und erkauft seine Plausibilitäten im historischen Zusammenhang teuer. Freilich ist sie theologiegeschichtlich nicht die einzige Interpretation und bei weitem nicht unumstritten. Sie wurde weder kirchlich autorisiert, noch wird sie in der Lesart Schnädelbachs von den Hauptströmungen gegenwärtiger Theologie formuliert.[103]

Die Kirche hat bewusst auf eine einzige dogmatische Fassung verzichtet, weil sich die Bedeutung von Erlösung und damit des Kreuzes je neu erschließen muss. Kreuzestheologie verlangt immer „aktuelle“ Übersetzungen, weil dies die konkrete Nachfolge erfordert.

Statt von einem „blutigen Rechtshandel“[104] im Sinne Schnädelbachs ist nun aber von anderem zu sprechen: z. B. vom paulinischen Paradox des Kreuzes, vom „Geheimnis der verborgenen Weisheit Gottes“ (1 Kor 2,7). Am Kreuz wird deutlich, mit welchem Gott wir es zu tun haben. Mit einem Sadisten? Oder einem ganz anderen Gott? Gar einem Gott der Liebe?

Mit dem Tod Jesu wird die Logik von Gewalt und Gegengewalt durchbrochen. Jesus muss nicht sterben, sondern er gibt sich frei in die „Gewalt“ des Vaters, auf den er bis in den Tod setzt. Nicht Gott, sondern Menschen erzwingen den Tod Jesu. Die Macht dieser Gewalt wird außer Kraft gesetzt mit der Auferweckung des Gekreuzigten. Darin besteht Erlösung: befreit zu sein vom Zwang zur Gewalt und zur Macht der Selbstbehauptung; befreit von tödlicher, von Tod bringender Macht. Der Tod selbst wird – im Sinne der Osterliturgie – „getötet“. Also auch die Angst vor dem Tod, die letztlich die Angst des Menschen um sich selbst ist und sich so verschiedenartig tödlich auswirkt. In Jesus wird eine ganz andere Macht wirksam: die ohnmächtige Macht der Liebe, die eben nicht zynisch im Tod bleibt. Nicht die Hitler dieser Welt haben das letzte Wort.

Ad 3: Missionsbefehl

Unzweifelhaft hat der christliche Missionsauftrag zu Missverständnissen und Perversionen geführt. Der zeittheologisch bedingte Drang, den Nichtchristen zu taufen, um ihn vor dem ewigen Verderben zu retten, führte immer wieder aus humanen Gründen zu äußerster Inhumanität. Die Erklärung über die Religionsfreiheit des 2. Vatikanischen Konzils wählt hier einen anderen Weg. Sie hält am Wahrheitsanspruch der katholischen Kirche fest, begreift ihn aber als Angebot an die Freiheit des Menschen. Toleranz ist dabei nicht mit Gleichgültigkeit oder Beliebigkeit zu verwechseln:

> „Gott ruft die Menschen zu seinem Dienst im Geiste und in der Wahrheit, und sie werden deshalb durch diesen Ruf im Gewissen verpflichtet, aber nicht gezwungen. Denn er nimmt Rücksicht auf die Würde der von ihm geschaffenen menschlichen Person, die nach eigener Entscheidung in Freiheit leben soll.“[105]

Ad 4: Antijudaismus

Die Feststellung konkreter Schuldgeschichte ist von christlicher Seite vielleicht nirgendwo sonst so unnachgiebig zu fordern wie hier. Jede Form eines unterschwelligen oder sogar ganz offenen Antijudaismus ist aufzudecken. Kein theologisches Motiv kann hier entschuldigen. Dennoch ist auch hier zweierlei zu fordern:

- eine Analyse der offiziellen kirchlichen Lehre: Antijudaismus gehört zu den schrecklichen mentalitätsgeschichtlichen Auswüchsen einer Religion, zu der dieser Hass in äußerstem inhaltlichem Gegensatz steht;
- eine notwendige geschichtliche Differenzierung in der Bewertung von Personen und Institutionen: Es gab christlichen Widerstand gegen Judenverfolgung, und zwar von Einzelpersonen, aber auch von Bischöfen als offiziellen Vertretern der Kirche. Im Übrigen wird die genaue Rolle Pius XII., die als einschlägiges Negativbeispiel gebraucht wird, bis heute historisch diskutiert und ist wohl kaum einseitig zu funktionalisieren. Was Kritik ausdrücklich nicht ausschließt!

Ad 5: Eschatologie

Luthers Bekehrungserlebnis ist ein prominentes Beispiel, wie nachhaltig christliche Vorstellungen vom Jüngsten Gericht eine eigene Angst- und Traumatisierungsgeschichte schreiben konnten. Zugleich zeigt Luther den Weg aus dieser Angstbesetzung. Er akzentuiert ein Gottesbild, das die Eschatologie des NT dominiert und dem jesuanischen Sprechen von Gott entspricht. Anders als Johannes der Täufer, in dessen theologischem Umfeld Jesus begegnet, betont er die Umkehrmöglichkeit; betont er das entgegenkommende Verzeihen des Vatergottes (Lk 15,11–32).

Die eschatologischen Drohbilder sind nun damit nicht wegzuleugnen. Sie stehen aber im Dienst eines entscheidenden Gedankens: dass es nicht gleichgültig ist, wie wir leben. Dass unser Handeln Konsequenzen hat, die in ihrem Ernst dem nicht nachstehen, was wir leben. Der Akzent aber liegt nicht auf dem Horror des Kommenden, sondern auf dem Ruf in die immer mögliche Umkehr zur Menschlichkeit Gottes. Die fatalen Folgen christlicher Angstgeschichte erscheinen von daher nicht als innere Konsequenz des christlichen Glaubens, vielmehr sind sie aus dem neutestamentlich bezeugten Geist Jesu heraus zu kritisieren und zu bekämpfen.

An dieser Stelle ist eine Zwischenbemerkung erforderlich. Wenn Schnädelbach an anderer Stelle den Anteil des Christentums an der Herausbildung des Konzeptes personaler Menschenwürde bestreitet[106], vor dem Hintergrund christlicher Eschatologie aber deren Individualisierung beklagt – die im Übrigen nie den Bezug zur Erlösung aller Menschen und der Gesamtwirklichkeit preisgab –, so übersieht er, dass gerade die Vorstellung moralischer Zurechenbarkeit die Würde des Menschen begründet.[107]

Ad 6: Platonismus

Beide Hauptvorwürfe Schnädelbachs verfehlen den theologischen Ernst einer Religion, die Geschichte als Kristallisationspunkt ihres Glaubens bekennt. Im apostolischen Glaubensbekenntnis wird der Bezug auf Gott durch das Leben des Jesus von Nazaret erschlossen. Gott erscheint im

Menschen. Das Christentum ist – in Aufnahme jüdischer Traditionen – eine zutiefst materialistische Religion. Allerdings gab es einen Zug zum Vergessen dieses „somatischen Impulses" (René Buchholz)[108]. Es gab Formen mythischer Abwehr des konkret Fleischlichen und die archaische Angst vor Verunreinigung. Mit Arnold Angenendt muss dies aber im Wesentlichen als eine „Theologie von unten" betrachtet werden.[109]

Demgegenüber bestehen die christologischen und trinitätstheologischen Dogmen auf einem ausgesprochenen Anti-Dualismus. Dass christliche Theologie dennoch auch einem impliziten Platonismus verfallen konnte, ergibt sich aus der Notwendigkeit, den Kontakt mit unterschiedlichen Weltbildern in die eigene Theorieformulierung einzubeziehen. Um gesprächsfähig zu sein, musste das Christentum verschiedene theoretische Codes erlernen. Dabei wurden sicherlich Grenzen überschritten. Das desavouiert nicht den christlichen Glauben noch das konkrete Christentum im Ganzen, sondern fordert zu konkreter Kritik auf. Pauschalisierung trifft hier nur den Kritiker selbst.

Ad 7: Umgang mit historischer Wahrheit

Für Schnädelbach arbeitet das Christentum mit historischen Unwahrheiten. Es behaupte als ausdrücklich wahr, was so nicht geschehen sein könne. Freilich übersieht er die literarische Gestalt z. B. der Evangelien. Die Evangelisten wussten z. T. durchaus um die vorliegenden anderen Arbeiten und also auch um andere Darstellungsweisen. Aber sie griffen geschichtliche Wahrheit auf, um sie in eigener Deutung zu vermitteln. Historische Wahrheit lässt sich nicht unabhängig von interpretierter Erfahrung und perspektivengebundener Darstellung greifen.

Die Evangelien arrangieren die eigene Erzählung als eine Interpretation, etwa wenn die alttestamentlichen Bezüge in den Text unübersehbar eingewebt werden und so die Linie markieren, auf der z. B. der Tod Jesu verstanden wird. Theologische Bilder konfigurieren einen Zusammenhang, der am historisch Greifbaren Maß nimmt, das Geschehen aber in seiner *Bedeutung* hervorhebt. So wird symbolisch kenntlich gemacht, dass mit dem Zerreißen des Tempelvorhangs beim Tod Jesu gleichsam Gott selbst sichtbar wird. Der Blick auf das Allerheiligste liegt frei, und dieser Blick wird auf den Gekreuzigten gelenkt. In seinem Sterben wird deutlich, wer Gott wirklich ist. Die theologische Aussage erschließt eine tiefere Wahrheit, indem sie sie bildlich vermittelt.

Darum wird historischer Sachverhalt nicht in Erfindungen aufgelöst. Historisch-topographisches Detailwissen gehört zur Komposition der Evangelien wie der jeweilige literarische Stil des Autors und sein eigenes metaphorisches Repertoire. Was ein Mensch einem anderen Menschen aber bedeutet, muss über Faktennennen hinausgehen. Im Material der Fakten zeigen die Evangelien die einzigartige Bedeutung des Jesus von Nazaret. Wenn also Johannes seine Erzählung vom Tod Jesu als wahr herausstellt, so meint er eben das *Glaubenszeugnis*. Mit anderen Worten: Er behauptet das Recht seiner Tradition, die andere Traditionen einschließt und nie anders unmittelbar zur historischen Wahrheit stehen kann als eben in einer Interpretationskette.

7. Theologische Religionskritik

Religionskritik, das wurde mehrfach festgehalten, gehört zum theologischen Rüstzeug. Theologie muss sich der Kritik an falscher, an unzureichender, an leichtfertiger Gottrede aussetzen, wenn es ihr ernsthaft um den Gott geht, der doch immer anders als jedes Wort von ihm bleibt. Der nahe Gott ist der ferne Gott. Von daher hat es immer wieder gewichtige theologische Ansätze gegeben, die sich bewusst als theologische Kritiken entwarfen. Negative Theologie macht darauf aufmerksam, dass von Gott immer nur in Verneinungen all dessen gesprochen werden kann, was in unserer Welt analog auf Gott bezogen wird. Mystische Theologie hält gerade in der äußersten Näheerfahrung fest, dass von Gott nicht einsinnig gesprochen werden kann, sondern dass im Entzug seine Nähe erst wirklich spürbar wird. Mystisches Sprechen von Gott fällt immer wieder in das Schweigen zurück, um es als solches durchzuhalten und darin eine eigene Form der Gottrede zu praktizieren. Keine Kritik an *theologischem* Zuviel kann härter ausfallen.

Auch in der Gegenwart begegnen derart kritische theologische Muster. Zwei unterschiedliche Einsatzpunkte theologischer Religionskritik sollen im Folgenden vorgestellt werden und die Aktualität dieser kritischen Perspektive aufs Religiöse gerade aus theologischen Motiven festhalten.

Ein aktuelles Formular theologischer Religionskritik: Einspruch gegen den „verwechselbaren Gott"

Was Thomas Ruster mit seinen Überlegungen zur „Entflechtung von Christentum und Religion" anstößt, ist nicht weniger als ein hochbrisanter theologischer Streitfall.[110] Um was geht es?

„Im Verhältnis zwischen der christlichen Rede von Gott und der Erfahrung der alles bestimmenden Wirklichkeit hat sich etwas Grundlegendes geändert ... Kurz gesagt handelt es sich darum, dass es der Theologie über den längsten Zeitraum des Christentums hinweg gelungen ist, das Gottesverständnis mit der Erfahrung der alles bestimmenden Wirklichkeit überein zu bringen, während ihr das heute nicht mehr gelingt“ (7).

Dies die These. Aber sie reicht noch weiter. Denn Ruster versucht zu zeigen, dass es eben ein grundlegendes Verhängnis war, das Christentum mit den Konzepten des allgemeinen Wirklichkeitsverständnisses zusammenzuführen. Das Christentum hat im Zuge seiner kulturellen Vermittlungsleistungen zwar an dialogischer Kraft gewonnen und durchaus auf die Verfassung der Welt einwirken können, dabei aber die konstitutive Fremdheit und provokative Dynamik des Evangeliums beschnitten. Der fremde Gott der Bibel ist dabei immer wieder auf der Strecke geblieben, etwa wenn er auf die Muster des rational Einsichtigen gebracht wurde.

Ruster unterscheidet an diesem fundamentaltheologisch entscheidenden Punkt zwischen zwei Wegen des Gotteszugangs:

- Die geradlinige Strecke legen exemplarisch Justin d. Märtyrer, Anselm v. Canterbury, Thomas v. Aquin zurück. Es ist der Weg der Anpassung an das, was kulturell dominant erscheint und in dessen Parametern der christliche Glaube kommuniziert wird.
- Demgegenüber berufen sich der 1. Petrusbrief, Marcion (und in seiner Aufnahme Harnack), Blaise Pascal und Martin Luther auf den fremden Gott. Ihr großes Thema ist das der Unterscheidung zwischen Gott und den Götzen. Zumal Luther bezieht sich dabei schon auf den ökonomischen Diskurs, den Ruster religionstheoretisch kennzeichnet.

In diesem Sinne führt denn auch die Linie des „vertrauten Gottes“ (27) in der Moderne zum Kapitalismus als Religion.

Ruster bedient sich hier der kulturkritischen bzw. kapitalismustheoretischen Analysen Walter Benjamins und John Maynard Keynes'. Das Geld ist der Gott der kapitalistischen Religionsform. Wenn Religion das absolut Wirkmächtige vermittelt, so bezeichnet das Geld die gegenwärtig alles bestimmende Wirklichkeit. Es ist das „Sakrament der bürgerlichen Gesellschaft" (142). Das Christentum kann den eigenen Gottesbegriff unter diesen Bedingungen nicht mehr als entsprechende Macht übersetzen. Damit wird aber zweierlei möglich:

- eine machtkritische Perspektive auf die Geschichte des Christentums
- und zugleich seine Reformulierung aus dem Geist der Bibel mit einer Betonung gerade der Erlösung von dieser Macht des monetär Faktischen. Ruster spricht hier von einer Logik der (Über-)Fülle, die der Logik des Mangels und der Knappheit, wie sie den Diskurs des Geldes bestimmt, entgegenzuhalten ist.

Damit ist nun aber die wesentliche Ausrichtung dieser Religionskritik benannt. Ruster geht es um eine Rückbesinnung auf das widerständige Potenzial des biblischen Glaubens. Zwischen Vertrautheit und Fremdheit setzt er den Akzent auf den anderen Gott, der sich nicht verrechnen lässt – es sei denn um den Preis seiner Vergötzung und seiner Bemächtigung. Die sieht er auch in den Gottesbeweisen zumindest latent am Werk. Und ebenso in den Konzepten einer natürlichen Gotteserkenntnis oder einer Funktionalisierung des Christentums etwa im Sinne seiner Kontingenzbewältigungschiffren.

Für Ruster ergibt sich die Notwendigkeit, nach der faktischen Auflösung des Christentums als Religion, d. h. nach der Verabschiedung des christlichen Gottesbegriffs als alles bestimmende Wirklichkeit, diese Wende auch theologisch nachzuvollziehen. Die Wiederentdeckung des außenseiterischen Gottes, des unbekannten und befremdenden Gottes entscheidet über die Einhaltung des ersten Gebots als der jüdisch-christlichen Grundkonstante des Glaubens. Es geht um die notwendige Verabschiedung von den Götzen der Welt und also darum, den wahren Gott zur Geltung zu bringen. Rusters Christentum ist martyriologisch neu zu begreifen – in seiner Anstößigkeit.

Genau an diesem Punkt zeigt sich eine hermeneutische Unwägbarkeit dieses Ansatzes. Die Betonung des Fremden verlangt nach einer Vermittlung, die Fremdes und Eigenes zu verbinden hat. Rusters Kriterium an dieser entscheidenden Stelle: der bibeltheologische Bezug. Jede Bibelinterpretation hat dabei jedoch ihre Zeit und unterliegt noch im Gegenzug den Einflüssen ihrer Zeit, der Macht der Zeit und ihren kulturellen Plausibilitäten. Die Unterscheidung zwischen Gottes- und Götzendienst lässt sich nicht eindeutig im Rückgriff auf die Bibel (und ihren eigenen hermeneutischen Pluralismus) bestimmen. Und weiter: Muss es nicht das Ziel des Christentums sein, zur alles bestimmenden Wirklichkeit zu werden, indem sie diese nach dem Geist des Evangeliums formt? Wie verhielten sich dann Christentum und Religion zueinander?

Der fundamentaltheologisch entscheidende Problempunkt ist aber der offenbarungstheologische Zugang. Ruster arbeitet letztlich mit einem an Karl Barth erinnernden *Offenbarungspositivismus*. Die dialektische Spannungseinheit von Gottheit und Menschheit, wie sie christologisch als Strukturgesetz unseres Sprechens von Gott festzuhalten ist, wird hier einseitig aufgelöst. Nicht nur das Vermittlungsproblem wird damit prekär, sondern auch der notwendige Versuch, sich von (nicht zuletzt biblizistischen) Fundamentalismen zu distanzieren. Wenn Ruster „keinen Sinn mehr [sieht – G. M. H.] in dem Versuch, den christlichen Glauben vor dem Forum der allgemeinen Vernunft bzw. dem Begriff letztgültigen Sinns zu verteidigen", dann droht ein dramatischer Kommunikationsverlust der Theologie. Noch die biblisch begründete Eigenlogik des Glaubens bedarf des kritischen Ausweises. Warum man glaubt und warum man an diesen Gott glaubt, ist nicht durch eine bloß narrative Theologie zu beantworten. Andererseits macht Ruster durch seinen strengen Verweis auf den fremden Gott deutlich, wo die Grenzen philosophischer Vernunft in glaubenstheoretischen Begründungsfragen liegen.

Die theologischen Grenzen dieses Entwurfs sind festzuhalten. Zugleich ist aber die Bedeutung der Anfrage zu betonen: Hier liegt ein Modell theologischer Religionskritik vor, das nicht nur spannend und äußerst belebend in die theologische Landschaft wirkt, sondern in einen Fragekomplex hineinstößt, mit dem sich die Relevanz des Christlichen in unserer Zeit entscheiden wird. Es ist die alte Frage nach der Begründungs- und Vernunftfähigkeit der Theologie. Gerade für die Auseinandersetzung mit den verschiedenen religionskritischen Perspektiven der Gegenwart stellt sich diese Frage scharf. Dass Gott immer als Geheimnis theologisch zu *denken* sei, daran erinnert Rusters Religionskritik hartnäckig. Die Bedeutung dieser „gefährlichen Erinnerung“ (Johann Baptist Metz) wird nicht zuletzt im Gespräch mit einer weiteren, zentralen Herausforderung des christlichen Glaubens heute deutlich, die als ein Sonderfall theologischer Religionskritik anzusprechen ist.

Theologischer Ernstfall: Die religionskritische Perspektive der Pluralistischen Religionstheologie

„Ein Gott – viele Religionen“[111]: Mit dieser zentralen These, als Schlagwort dem programmatischen Buch Paul F. Knitters entnommen, ist die Pluralistische Religionstheologie (PRT) an der Zeit. Mode, Trend, theologischer Zeitgeist schwingt in dieser Feststellung mit, was nicht darüber täuschen darf, dass sie, indem sie ihrer Zeit entspricht, diese zugleich herausfordert. Theologisch bedeutet die PRT eine epochale

Provokation – ihr Ansatz läuft auf eine grundsätzliche Kritik universaler, aber kulturell partikularer religiöser Wahrheitsansprüche hinaus. Wie kann angesichts der unterschiedlichen Glaubenswelten eine als die allein gültige ausgezeichnet werden? Gibt es nicht auch hier einen berechtigten Pluralismus? Radikaler noch: Ist die konkrete Vielfalt der religiösen Vorstellungen nicht letztlich als Interpretation des einen Numinosen zu begreifen, des einen Transzendenten unter vielen Titeln und Symbolisierungen? Diese religionskritische Anlage der PRT scheint zur entscheidenden theologischen Zukunftsfrage zu werden.[112] Darin korrespondiert sie mit Formen interreligiöser Religionskritik.[113]

Die PRT entwickelte sich auf dem Schnittpunkt von Religionswissenschaft und Theologie. Die meisten ihrer Vertreter argumentieren im Zueinander der beiden Perspektiven, zugleich aber vor einem biographisch christlichen Hintergrund. Mit einem ihrer Vordenker, John Hick, haben sie in ihrem theologischen Denken einen Paradigmenwechsel vollzogen, der nicht weniger nach sich zieht als eine *kopernikanische Wende* in der Theologie.[114] Ausgangspunkt ist die Frage nach dem Zusammenhang von universalem Heilswillen Gottes mit dem Glauben an eine einzige Inkarnation. Wenn man an den Gott der Liebe glaubt, der alle Menschen erreichen will, kann man dann zugleich daran glauben, dass er sich auf eine Weise offenbart hat, die faktisch den Zugang für viele Menschen versperrt?

Für die Religionspluralisten ergibt sich die Konsequenz, statt von *einer* Inkarnation Gottes von *mehreren* zu sprechen. Dabei treffen sie eine entscheidende Voraussetzung. Man kann von Gott nie unmittelbar sprechen, sondern immer nur in Bildern und Gleichnissen. Keine Religion kann das/den Absolute(n) angemessen auffassen. Vielmehr ist von verschiedenen Wahrnehmungsformen des Transzendenten auszugehen. In vielfältigen Angängen wird das/der Unfassbare erkannt, und indem er/es erkannt wird, gibt er/es sich zu erkennen. Aus kulturspezifischem Singular wird der/das Transzendente in den Religionsplural gesetzt.

Exemplarisch kann die theologische Entwicklung des hinduistisch-christlichen Grenzgängers Raimundo Panikkar diesen Perspektivenwechsel illustrieren, ablesbar an seinem Standardwerk „Der unbekannte Christus im Hinduismus".[115] War für Panikkar ursprünglich eine konkrete Identifizierung von Jesus und Christus möglich, wird sie nun aus ihrer exklusiven Klammer befreit:

> „Der Christ kann ... nicht behaupten, ‚der Herr ist *nur* Christus', da unsere Erkenntnis des Herrn begrenzt ist ... ‚Der Herr *ist* (da)', auch wenn sein Name nicht wie ‚Christus' klingen mag oder wie irgendein anderer der uns vertrauten Namen."[116]

Christus wird vom konkreten Namen zum Symbol, zur Chiffre des Absoluten.

Die religionskritische Anlage der PRT: Der Ansatz von John Hick

Auf dieser Linie bewegt sich auch die theoretische Grundlegung der PRT durch John Hick in seinem Hauptwerk „An Interpretation of Religion" (1989).[117] Sein Anliegen ist es, eine religiöse Interpretation der Welt zu liefern, die konfessionell ungebunden vorgeht. Zwar ist auch im Rahmen eines pluralistischen Ansatzes Raum für die persönliche Auszeichnung einer bestimmten religiösen Tradition, doch hat sie sich offen zu halten für die Einsicht in die grundlegende Gleichwertigkeit zumindest der Weltreligionen. Dies ist im Kern bereits die pluralistische Hypothese – ihre Herleitung erfolgt *philosophisch* aus erkenntnistheoretischen Einsichten und *theologisch* aus soteriologischen Motiven.

Die Welt ist für Hick ein Interpretationsphänomen, das auch in religiöser Hinsicht eine grundlegende Mehrdeutigkeit beinhaltet. Die „alles durchziehende(n) Mehrdeutigkeit der Welt" (15) macht eine naturalistische wie eine religiöse

Interpretation möglich, hält jede aber zugleich offen, weil sie niemals letztbegründete Sicherheit vermitteln kann. Alle Versuche in dieser Hinsicht, zumal die Gottesbeweise, müssen scheitern. Sie gelangen jeweils nur bis zu einem Punkt, der eine religiöse Evidenz erlaubt. Aber auch jeder Gegenbeweis bleibt Interpretation. Für den Glauben besagt dies, dass er solange rational ist, wie er sich begründet auf eine Erfahrung verlässt, die nicht im Widerspruch zur Realität steht bzw. von dieser (wissenschaftlich) ausgeschlossen werden kann. Wahrheitstheoretisch installiert Hick so ein falsifikatorisches Modell von Glaubensrationalität[118], das allein von einer „eschatologischen Verifikation des Theismus" (198) sprechen lässt. Gott wird sich am Ende der Zeiten als er selbst erweisen und rechtfertigen – was besondere Bedeutung für eine mögliche Antwort auf die Theodizeefrage hat. Damit entbindet sich Hick nicht der Notwendigkeit, Gründe für den Glauben zu nennen. Er unterläuft sie aber erfahrungstheoretisch, indem er darauf verweist, dass man je nach der eigenen Einstellung und zugrunde liegenden Perspektive „einen Gegenstand, ein Ereignis oder eine Situation in der Weise erfahren (kann – G. M. H.), dass es uns die göttliche Gegenwart vermittelt."[119]

Ein starkes Indiz für die Legitimität von Glauben ist der universale Nachweis von Religionen. Der Transzendenzbezug scheint zum Menschen zu gehören. Doch gerade diese Einsicht wird zum Einsatzpunkt des religionspluralistischen Gedankens. Jede Religion ist kulturell unterschiedlich geprägt. Die meisten Religionsangehörigen sind in ihre Religion als Bestandteil ihres kulturellen Kontextes hineingeboren. Religionswahl ist kontingent und kulturell gerahmt.

> „Dass es nicht einen, sondern eine Pluralität solcher historischer Rahmen gibt, zählt zu den bedeutsamsten Tatsachen, die eine Interpretation von Religion berücksichtigen muss" (16).

Dennoch gibt es eine Grundgemeinsamkeit der großen Religionen. Sie zeigt sich im Transzendenzbezug und im grundlegend „soteriologischen Charakter“ (34), den Hick als „Erlösung“ bzw. „Befreiung“ übersetzt (49ff.). Gemeint ist damit eine „Transformation des menschlichen Daseins aus der Selbstzentriertheit zur WIRKLICHKEITSzentriertheit“ (50). Damit ist der zentrale theologische Term Hicks genannt: *The Real.*

Ausgehend von der eigenen religiösen Interpretation der Wirklichkeit, die weder falsifiziert noch eschatologisch bestätigt ist, kann niemand „vernünftigerweise behaupten, dass seine eigene Form religiöser Erfahrung und diejenige der Tradition, der er angehört, verlässlich sei, die anderen dagegen nicht“ (256). Die wahrheitstheoretische Beunruhigung allen Glaubens macht zusammen mit der Einsicht in die Kontextualität der Religionsprägung die „pluralistische Hypothese“ (254) notwendig. Das Transzendente in den verschiedenen Religionen hat mit Hick eine grundlegende Gemeinsamkeit: Es steht im Wirklichkeitsbezug, es repräsentiert die *höchste*, die *erste*, die *wahre* Wirklichkeit. Das Wirkliche als „Gattungsname … wird in allen großen theistischen und nichttheistischen Traditionen benutzt“ (27). Dieses Wirkliche wird aber unterschiedlich bezeichnet. Es wird

> „… durch die Linse einer bestimmten religiösen Kultur mit ihren jeweiligen Konzeptionen, Mythen, geschichtlichen Vorbildern und Andachts- und Meditationstechniken betrachtet“ (23).

Erkenntnistheoretisch bedeutet dies mit Kant: Der konstruktive Anteil aller Erkenntnis betrifft die Wahrnehmung eines Gegenstandes, den wir nie an sich erfahren, sondern je nach unseren Erkenntnisbedingungen. Das WIRKLICHE kann nie an sich erfahren werden, d. h. unmittelbar, sondern je vermittelt durch den, der es wahrnimmt. Von daher ergeben sich je nach den Voraussetzungen des Erfahrenden personale oder impersonale Zugangsweisen zum WIRKLICHEN, repräsentiert in den semitischen bzw. indischen Religionen.

Die Religionen sind danach grundsätzlich gleichrangig, ohne gleich zu sein. Ihr Wert zeigt sich in ihrer ethischen Qualität, wobei „alle großen Traditionen das moralische Ideal der Güte, Liebe und des Mitleids lehren, das in der Goldenen Regel seinen prägnantesten Ausdruck findet" (340). Als weiteres Kriterium ihrer Beurteilung dient die soteriologische Wirksamkeit: „Der Wert religiöser Traditionen ... bemisst sich daran, ob sie die erlösende Transformation fördern oder behindern" (323). Im Durchgang der verschiedenen Traditionen gilt für Hick auch hier, dass alle Religionen die gleiche soteriologische Qualität haben.

Einspruch gegen religiöse Absolutheitsansprüche

Die PRT Hicks verabschiedet jeden religiösen Absolutheitsanspruch. Entsprechende Ansätze in jeder religiösen Tradition werden kontextuell interpretiert und mythen- bzw. metaphernkritisch entschlüsselt als Ausdrucksweisen einer Erfahrung, die das Unfassbare zu fassen sucht. Wenn das Absolute existiert, kann es nach Hick nur das Heil aller wollen – es kann sich nicht in bloß einer Tradition inkarnieren, die alle anderen Menschen zumindest vom unmittelbaren Heilszugang ausschließt. Gerade also vom christlichen Gottesbild aus setzt Hick seine Religionskritik ein. Er fordert eine veränderte Selbstdeutung des Christentums, die es erlauben soll, von einer Verwirklichung des WIRKLICHEN in Christus zu sprechen. Andere Inkarnationen werden dadurch nicht ausgeschlossen.

Die PRT ist damit als eine Religionskritik an jedem Absolutheitsanspruch zu verstehen. Sie formuliert ihren Einspruch – zumal christentumskritisch – im Namen der Opfer, im Namen der Anderen, die überwältigt wurden. Die Folgen christlichen Absolutheitsdenkens werden dabei theologisch situiert und historisch verifiziert[120] – die kritische Erinnerung an immer neue Pervertierungen der christlichen Botschaft zieht den bezeichneten Anspruch selbst in Mitleidenschaft.

Die PRT selbst gibt jeden Absolutheitsanspruch pluralistisch auf. Damit ist letztlich christlich die Heilsbedeutsamkeit und Einzigartigkeit Jesu Christi befragt. Ohne diese Problematik hier schon diskutieren zu wollen, ist zunächst nach einer aufgrund des Einspruchs der PRT veränderten Konzeption von Absolutheit zu fragen, die christlich zu halten wäre.

„Historisch ist der Absolutheitsanspruch des Christentums kein genuin theologischer Begriff. Er findet seinen Ansatz in der religionsphilosophischen Spekulation des Deutschen Idealismus (v. a. bei Hegel) über das Christentum als ‚absolute Religion', wird dann unter dem Stichwort ‚Absolutheit des Christentums' in der protestantischen Theologie (E. Troeltsch) erörtert und wird auch in der katholischen Apologetik aufgegriffen, wobei ‚weitgehend von der dazugehörigen spezifischen geistesgeschichtlichen Situation abstrahiert wurde' (K. Lehmann)."[121]

Dies hat wohl nicht zuletzt für den Hintergrund der Unfehlbarkeitsdefinition des I. Vatikanischen Konzils zu gelten, so dass eine aggressivere Formulierung von christlichen Absolutheitsansprüchen auch als Abwehrreaktion und aus antimoderner Verteidigungsstellung zu verstehen ist. Demnach kommt seiner Fassung ein negativer Zug zu. Er bringt das inhaltlich Positive, das ursprünglich begrifflich anders gefasst war, kaum noch zur Geltung. Nur knapp kann hier daran erinnert werden, dass jede theologische Aussage einen Bezug zum Gebet und zur Verehrung behält. In der Behauptung der Absolutheit des Christusgeschehens ist demnach eine theologische Begeisterungs- und Liebesmetaphorik mitzulesen. Christliche „Absolutheit" besteht in der Fülle des Heils und seiner Endgültigkeit, problematischer aber dann auch in seiner Unüberbietbarkeit.[122]

> „Die ‚Absolutheit – christlich' bezieht sich positiv auf die die Welt zu ihrer Erfüllung bringende Bewegung, die in der Menschwerdung Gottes, seinem Eingehen in die Zeit und den Raum der Menschen ihren unüberbietbaren Höhepunkt besitzt und somit in der Person, im Leben und Sterben Jesu von Nazaret kulminiert."[123]

Absolutheit wird eschatologisch gefüllt. Ihre Verwirklichung steht noch aus, was nach der Wahrheit auch in anderen Religionen aufmerksam forschen lässt. So verstandener Absolutheitsanspruch wird vor allem zum Lebens- und Liebesanspruch an die Christen – er fungiert nicht länger als polemisches Programmwort.

Nicht die geringste theologische Leistung der PRT ist es, kritisch auf eine Neufassung des Absolutheitsanspruchs eingewirkt zu haben. Die grundlagentheoretische Problematik für jede christliche Theologie muss mithin an einer kontextuellen Fassung der Christologie selbst arbeiten lassen, deren künftige Konturen noch kaum in Aussicht stehen. Auch hierzu liefert die Religionskritik der PRT wichtige Impulse.

Fundamentaltheologischer Einspruch

Im Zuge einer Würdigung der PRT ist der Pluralismus als objektives theologisches Problem zu bestätigen. Bei allem christlichen Insistieren auf der göttlichen Offenbarung in Jesus Christus bleibt offen, warum sich Gott in der Vielfalt der menschlichen Zeiträume und Kulturen nur einmal und an dieser Stelle inkarniert hat:

> „Jeder Theologe hätte seinen Beruf verfehlt, triebe ihn nicht die Frage um: Warum hat Gott – wie die Schrift ihn uns bezeugt – *so* gehandelt und nicht anders? Warum sind die Grade der Offenbarung Gottes in der Geschichte der Menschheit so verschieden? Ich weiß es nicht."[124]

Die Auflösung dieses Problems erfolgt religionspluralistisch durch die Preisgabe eines exklusiven Inkarnationsbegriffs.

Sie wird mit seiner mythenkritischen Auflösung verbunden, die zumindest nicht mehr davon sprechen lässt, dass in der christlichen Offenbarung Gott eschatologisch ganz als er selbst anzutreffen ist. Die Offenbarungsspannung von Verborgenheit und gleichzeitiger Volloffenbarung Gottes im Christusereignis wird gesprengt. Das bezeichnete Paradox wird ganz im Sinne einer letzten Unerkennbarkeit Gottes gesehen, womit Offenbarung lediglich als metaphorische Fassung eines Unfassbaren begriffen wird.

Damit ist der entscheidende erkenntnistheologische Maßstab der Offenbarung tatsächlich einem radikalen Paradigmenwechsel unterzogen. Erkenntnisprinzip ist jetzt eindeutig die menschliche Rationalität. Die Kategorie des WIRKLICHEN bei Hick erscheint als summarisches *Abstract*, gewonnen aus dem vergleichbaren Material von Religionen, die wiederum nach rational entscheidungsabhängigen (soteriologischen, ethischen) Kriterien ausgewählt wurden. „The Real" wird aus dem Blickwinkel eines unabhängigen Beobachters vermittelt. Im Gegenzug bleibt eigentümlich dunkel, wie dieses Transzendente sich dem Erkennenden erschließt. Offenbarung wird von Hick zu Recht erfahrungstheologisch erschlossen. Gott wird in der Wirklichkeit erkannt, er teilt sich dem Einzelnen mit. An dieser entscheidenden Stelle fehlt jedoch eine Kriteriologie der eigenen Überzeugung, die es erlaubt, vom Numinosen in der gegebenen Weise zu sprechen – und dies gerade unter der Voraussetzung, dass alle menschlichen Gottesaussagen sprachlich gefasst, also vermittelt und daher fehlbar sind.

Verschiedene Fragen melden sich hier an:

- Bedeutet Offenbarung als Geschehen, dass der Interpretationsvorgang in dem Augenblick, wo die Existenz von Transzendentem als evident angenommen wird, Offenbarung ist?
- Geschieht also Offenbarung *im* und *als* Erkenntnisprozess?

- Wann und warum lässt sich davon ausgehen, dass man in Wahrheit das erkannt hat, was gleichsam das ALLER-WIRKLICHSTE ist bzw. dass es sich hier erschlossen hat?

Die eigene Vernunft kann dieses Kriterium nur unter der Voraussetzung sein, dass sie unfehlbar wäre, was ausscheidet. Bloßer Verweis auf Erfahrung allein reicht auch nicht: Ihr Wahrheitswert ließe sich nicht mehr kommunizieren. Im offenbarungstheoretischen Zueinander von Subjektivität und Objektivität hält die PRT diese Spannung nicht aus: Sie löst sie in letzter Konsequenz rationalistisch auf. So entspricht sie ihren eigenen Denktraditionen von Deismus und Aufklärung, über die sie ihrerseits nicht immer hinreichend aufklärt.

Hier holt sie ihre theoretische Konstitution ein: Die PRT ist letztlich eine Religions*philosophie*[125], mit allen erkenntnistheoretischen Konsequenzen, die sie von einer dezidiert theologischen Perspektive scheiden.[126]

Christlich bedeutet dies, auf den Punkt gebracht: Die Bibel als Offenbarungsdokument wird nicht länger in der Weise aufgefasst, wie sie sich selbst begreift. Neutestamentlich kann nur unter Preisgabe des hermeneutischen Anspruchs der Bibel die Aussage aufgeweicht werden, dass Jesus Christus *die* eschatologisch unüberbietbare Selbstoffenbarung Gottes ist.

Was im Interpretationsrahmen der PRT vom christlichen Offenbarungsbegriff übrig bleibt, ist das Bild eines ‚vernünftigen' Gottes, den sich der Mensch eingerichtet hat. Ohne die religionstheologischen Konsequenzen Karl Barths zu teilen, ist hier an seine Religionskritik[127] zu erinnern, wonach Religion Menschenwerk ist, Versuch der Selbstrechtfertigung, die Gott sagt, wie er für den Menschen zu sein hat, statt sich etwas von Gott sagen zu lassen. Gerade im Interesse der von Hick so betonten Unverfügbarkeit Gottes muss es irritieren, wie sicher sich die PRT in ihrer Gotteserkenntnis eingerichtet hat – und wie sehr das

WIRKLICHE dem nachgebildet ist, was wir als vernünftig auffassen.

Hier wird keinem theologischen Irrationalismus das Wort geredet – vielmehr jener äußersten aporetischen Vernunft, die Spannungen aushält, die theologisch unabweisbar sind. Auf die eingangs gestellten Fragen ist mit Karl-Josef Kuschel in diesem Sinne zu antworten:

> „Ich weiß es nicht. Es bleibt Gottes Geheimnis, dem ich mich anzuvertrauen habe, genauso wie ich mich ihm verweigern kann ... Gott rechtfertigt sich selbst."[128]

Von dieser aporetischen Perspektive hat die PRT zu wenig; zu klar hat sie die Dinge, die sich niemals menschlich werden klar haben lassen.

Christologische Religionskritik

Was für die offenbarungstheologische Aufkündigung eines christlichen Solitäranspruchs gilt, wird christologisch eingelöst. Für die PRT ist „das entscheidende Hindernis" im Dialog der Religionen „der zentrale christliche Glaubenssatz der Einzigartigkeit Christi".[129] Mit John Hick kann die PRT in Jesus von Nazaret eine wirkliche Präsenz Gottes entdecken, ohne aber eine Identität zwischen Gott und Mensch in Jesus Christus zu behaupten. „Das Leben Jesu war ein Punkt, an welchem der Logos – d. h. Gott in seiner Beziehung zum Menschen – gehandelt hat."[130]

Die rationalistischen Voraussetzungen der PRT lassen auf eine Christologie dringen, die ausdrücklich die Definition des Konzils von Chalkedon (451) aufgibt. Ausgangspunkt dieser christologischen Kritik ist die Einsicht, dass eine wörtliche Interpretation des chalkedonensischen Zugleich von wahrer Gottheit und wahrer Menschheit im Rahmen der Zwei-Naturen-Lehre keinen vernünftigen Sinn ergibt. Im Blick auf die Autoren des Chalkedonense formuliert Leonard Swidler:

„Wörtlich verstanden war ihre Sprache Un-Sinn, redete sie doch von einem Nicht-Ding oder Nichts, denn die Autoren bezeichneten Yeschua als den ‚begrenzten Unbegrenzten', den ‚endlichen Unendlichen'."[131]

„‚Yeschua ist göttlich'. Solch ein Satz ist kein Un-Sinn und scheint genau das einzufangen, was Christen sagen wollen mit der Aussage: ‚Yeschua ist Gott'."[132]

Der Begriff der Inkarnation wird im Zuge dieser Überlegungen in seiner metaphorischen Fassung als mythische Geschichte verstanden, die eben die Anwesenheit von Göttlichem in Jesus ausdrücken soll. Jesus ist demnach nicht als Gott zu begreifen, sondern als göttlich. Die PRT sucht damit die unverkürzte Menschheit Jesu zu retten, die das Chalkedonense trotz gegenteiliger Behauptung nicht wahre.

„(E)s ist fraglich, ob eine Person noch als wahrer Mensch gelten kann, die sich darin von allen anderen Menschen unterscheidet, dass sie zusätzlich zu ihrer menschlichen Substanz auch noch durch eine göttliche Substanz konstituiert ist. Ein Mensch jedoch, der sich rückhaltlos und in allem von der göttlichen Wirklichkeit her bestimmen lässt, und der auf sie hin dementsprechend transparent wird, so dass er ihre Gegenwart mit je einzigartiger Kraft für andere Menschen vermittelt, der ist wahrer Mensch sowohl im essentiellen als auch im ideellen Sinn dieser Worte."[133]

Damit wird in Jesus Christus *eine* Form der Präsenz Gottes im Menschen und im Menschlichen schlechthin angenommen. In einem metaphernkritisch geläuterten Sinn lässt sich dann auch von mehreren Inkarnationen Gottes in den verschiedenen Religionen sprechen.

In aller Konsequenz bedeutet dies die Verabschiedung der PRT aus dem Rahmen einer christlichen Theologie, die von der eschatologischen Selbstoffenbarung Gottes in Jesus Christus in der Weise ausgeht, dass Gott wirklich Mensch geworden ist – und dies trotz der Einsicht in metaphorische, kontextuelle Terminologien, mit denen im Sinne des Chalkedonense etwas ausgedrückt werden sollte, was sich nie fassen lässt. Anders als die PRT sieht sich Chalkedon nicht imstande, das zentrale Geheimnis des Gottmenschen Jesus Christus aufzulösen, weil es sich rational nicht einsinnig machen lässt. Die bis zum Zerreißen gespannte, paradoxale Begrifflichkeit des Chalkedonense ist bewusst in der Form Negativer Theologie gehalten.

> „Ein und derselbe ist Christus, der einzig geborene Sohn und Herr, der in zwei Naturen *un*vermischt, *un*veränderlich, *un*getrennt und *un*teilbar erkannt wird, wobei nirgends wegen der Einung der Unterschied der Naturen aufgehoben ist …“[134]

Darin besteht die äußerste theologische Rationalität: das Unsagbare als solches festzuhalten, es in seiner Aporetik rational zu fassen.[135] Auch sprachtheoretisch ist damit zu rechnen, dass im Bewusstsein sprachlicher Bedingtheit und metaphorischer Abstände eine Aussage in ihrer Sinnspitze *als solche so gemeint* ist. Das gilt für die Metaphysik Chalkedons. Sie korrespondiert mit den neutestamentlichen Christologien, die sie interpretiert. Danach

> „… ist die Selbstoffenbarung Gottes *konzentriert* in der Person Jesu, aber nicht auf sie begrenzt … Wir können daher nicht beanspruchen, Jesus sei die einzig bedeutsame, exklusive und absolute Offenbarung Gottes, wohl aber die nach christlichem Urteil normative: Ohne die (im Geist der unbegrenzten Liebe verstandene) Geschichte Jesu können wir nicht erkennen, ob irgendwo der Logos des Vaters und nicht ein ganz anderer Logos sich manifestiert.“[136]

Theo-logisch zeigt sich mit der Christologie der PRT eine rationalistisch geprägte, im Grunde nachchristliche Religionsphilosophie. Die PRT kann nicht an *eine* Inkarnation glauben – warum mehrere, also auch raumzeitlich begrenzte, je einzelne Inkarnationen des WIRKLICHEN demgegenüber plausibler sein sollen, ist indes nicht einzusehen.

Schöpfungstheologisch und über die damit gegebene Möglichkeit natürlicher Gotteserkenntnis ist bereits ein inkarnatorisches Vor-Bild gegeben, das universalen Gotteszugang erlaubt. Jeder, der Liebe lebt, erkennt Gott. Dieses Universale wird in dem einen Partikularen des Jesus Christus endgültig deutlich: dass nämlich Gott Liebe ist, der Gott Jesu Christi, der in *ihm* er *selber* ist. Unter der Voraussetzung, überhaupt die Möglichkeit eines Gotteszugangs und göttlicher Selbstoffenbarung einzuräumen, ist die eine Inkarnation nicht absurder als die Annahme mehrerer.

Dem Anliegen der PRT, einen ‚vernünftigen Gott' denken zu wollen, der sich im Plural der Religionen zeigt, muss christlich von daher eine theologische Aporetik entgegengehalten werden, die das Unverrechenbare im Gottesgeheimnis festhält.[137] Christlich würde ein solcher Ansatz im eschatologischen Vorbehalt und im Wissen um das Unauflösbare in aller Theo-logik sensibilisiert nach anderen Heilswegen suchen lassen.

„Keine Christologie ‚hat' die Wahrheit, bestenfalls ist sie *in* ihr unterwegs zu ihr."[138] Das Ineinander von starkem, unverzichtbarem christologischem Wahrheitsanspruch und aporetisch gebrochenem Vorbehalt *im* Bekenntnis zum *deus semper maior* ist es, was christliche Theologie zum offenen Dialog mit anderen Religionen auffordert und befähigt. Gerade um eines solchen Dialoges willen sind konkurrierende Wahrheitsansprüche ins Spiel zu bringen. Die PRT droht aus christlicher Sicht, hier Entscheidendes zu verkürzen.

Resümee: Apologetische Theologie?

„Apologie ist und bleibt der Grundzug eigentlich jeder genuin christlichen Theologie".[139] Im Sinne dieser Vermittlungs- und Rechtfertigungsaufgabe von Theologie arbeitet die Fundamentaltheologie.[140] In der *„antwortend-verantwortenden Vermittlung des christlichen Logos ‚nach draußen'* und in der *Auseinandersetzung mit den Infragestellungen, die von der Welt ‚draußen' dem Christentum entgegengebracht werden*"[141], nimmt sie ihre apologetische Grundfunktion wahr. Die Geschichte der Disziplin sieht darin die Ergänzung zu der eher nach innen gerichteten Aufgabe der Glaubensbegründung. Damit zeichnet sich eine Aufspaltung ab, mit der die apologetische Dimension der Glaubensverantwortung unterbetont bleibt.

Diese Einteilung wird gerade für die konkrete Gestalt einer Theologie bedeutsam, die Außenwirkung einbüßt. Apologetik als eigene Disziplin muss an Bedeutung verlieren, wo eine offene Auseinandersetzung eher selten stattfindet. Dass Religionskritik sich oft bloß im atmosphärischen Hintergrund hält, erschwert den Standpunkt des Verteidigers. Dies gilt nochmals vor allem, weil die Argumente gewechselt scheinen, weil grundlegend neue Auseinandersetzungen zumindest erkenntnistheoretisch kaum aufgetan wurden, Angriffe wie die Peter Sloterdijks sich mit den Grundtypen bekannter Religionskritik im Sinne von Feuerbach, Marx und Freud vermitteln lassen.

Theologie verhält sich hinsichtlich dieser Gesprächsebene zumindest im theoretischen Rahmen zurückhaltend. Das hängt damit zusammen, dass Apologetik lange Zeit verdächtig schien, weil man sich mit ihren Mitteln der modernen Lebenswelt und Denkform verschlossen hatte – zumal katholisch. Dennoch ist an das zurückgedrängte apologetische Potenzial und die Notwendigkeit seiner Erneuerung zu erinnern. Und dass dies alles andere als Polemik meinen muss, geht bereits aus dem theologisch-missionarischen Vermittlungsauftrag im Sinne von 1 Petr 3,15 f hervor: „Seid stets bereit, jedem Rede und Antwort zu stehen, der nach der Hoffnung fragt, die euch erfüllt; aber antwortet bescheiden und ehrfürchtig, denn ihr habt ein reines Gewissen."

Apologetik zielt in diesem Sinne auf einen „hermeneutischen Wettbewerb".[142] Theologisch wird dies oft dadurch erschwert, dass gegenkritischer Einspruch viele Zeitgenossen an Rückzugsgefechte zu erinnern scheint, die führt, wer im öffentlichen Bewusstsein dramatisch an Gehör verliert. Die folgenreichste Form pragmatischer Religionskritik wirkt sich hier aus: das stille Übersehen, Hinnehmen, die Gleichgültigkeit, die empfunden wird, wo Überlebtes nach seinem Recht verlangt – das Achselzucken des Zeitgeistes vor dem Anachronismus. Diese Situation ist nahezu aussichtslos. Theologie kann nicht darauf verzichten, sich argumentativ ins Spiel zu bringen, Missverständnisse zu klären. Zugleich scheint es ihr kaum mehr zu gelingen, dialogisch durchzudringen. Gerade deshalb wird sie zumindest das Eine nicht dürfen: hinnehmen, übernehmen, was ihr zugemutet, angetragen, angedichtet wird. Solche Form von Religionskritik zeichnet sich immer wieder durch Ungenauigkeiten und Halbwahrheiten aus, die sie wissenschaftlich diskreditieren und das Mindestmaß an hermeneutischem guten Willen vermissen lassen.

Dem hat sich Theologie antwortbereit zu stellen. Auf diese Funktion ist sie je neu zu verpflichten. Eine aufmerksam reagierende, zugleich eingreifende, selbstbewusst korrigierende und korrekturfähige Theologie bleibt also nicht bloß defensiv. Sie bringt sich ins Spiel. Und genau das verlangt jene Kontextualität, unter deren Vorzeichen sich die nachkonziliare Theologie entwickelt hat. Eines ihrer wesentlichen Kennwörter: Dialog.

Das ist der theologische Auftrag der Zeit. Damit wird der Theologie allerdings einiges zugemutet. Sie erscheint mithin als „Lumpensammlerin“[143]: „Das erneut bereden, was schon so zerredet auf uns gekommen ist; das erneut bedenken, was schon tausendfach zerdacht worden ist, das ist die Arbeit der Theologie.“ Das heißt aber auch: die Dinge aufsuchen, wo sie sich finden lassen, in ihrer Entstellung, in ihrem Verschleiß. Wo Zusammenhänge zu Lasten des Christentums zerrissen werden. Das geschieht nicht zu selten. Entsprechend hatte dieses Buch eine Aufgabe: die kritischen Stellen aufzudecken, ihr Fragepotenzial zu entwickeln und Antworten zumindest zu skizzieren, die es verantwortet erlauben, nach wie vor im Glauben zu bleiben.

Stichwort: Religionskritik

Religionskritik ist zunächst die vor allem theoretisch betriebene Bestreitung der Existenz Gottes, die sich aber auch in gelebten Haltungen ausdrückt. Sie tritt mit grundsätzlichem Anspruch auf, ist aber zugleich aus ihren kontextuellen Bindungen zu verstehen, so dass sie sich z. B. mit ausdrücklicher Christentumskritik verbindet.

Sie kann darüber hinaus als theologische Religionskritik auftreten, die an bestimmten religiösen Erscheinungsformen Anstoß nimmt oder Formen der Rede von Gott kritisiert.

Religionskritik ist von daher aus einem religiösen Innen- wie Außenbezug zu verstehen. Jüdisch-christlich bieten die biblischen Schriften Anhaltspunkte solcher internen Religionskritik z. B. mit dem Bilderverbot, das im Zusammenhang mit dem Alleinverehrungsanspruch JHWH's zu sehen ist und religiöse Kritik an Fremdgöttern und Götzenverehrung übt. Religionskritisch funktionieren aber auch die Hinweise auf die Unbegreifbarkeit Gottes, mit der jede menschliche Rede von Gott beschränkt und an den je größeren Gott erinnert wird. Christlich wurde diese Perspektive in den Traditionen Negativer Theologie aufgegriffen, die wiederum einen Zusammenhang mit den religionskritischen Anstößen der antiken griechischen Philosophie herstellt.

Hier begegnen dann auch bereits die zentralen religionskritischen Argumente: der Projektionsvorwurf *(Ist Gott nicht nur Produkt unserer Wünsche?)* und die Theodizeefrage *(Zerfällt der Begriff Gottes nicht unter der Last des Leids?)*. Letztere findet man wiederum bereits im altorientalischen Umfeld der Bibel und von ihr selbst – besonders im Buch Hiob – formuliert. Hier wird erkennbar ein konstitutives erkenntnistheoretisches Problem des Gottesglaubens verhandelt.

Neben der Ausarbeitung dieser theoretischen Einwände,

wie sie für den westlichen Kulturkreis mit der religionskritischen Achsenzeit des 19. und 20. Jh. geschieht und mit den Namen Feuerbach, Marx, Nietzsche und Freud wesentlich verbunden bleibt, ist gegenwärtig vor allem eine pragmatische Verschiebung der Religionskritik (und Christentumsopposition als Sonderfall) zu beobachten. Religionskritik aktiviert verschiedene kulturelle, gesellschaftliche und politische Muster der Distanzierung.

Über eine apologetische Auseinandersetzung hinaus ist ihre Bedeutung in mehrfacher Hinsicht theologisch festzuhalten:

- Religionskritik dringt auf eine rational verantwortungsfähige Verwendung des Wortes Gott;
- sie trägt damit zur Ausbildung der dialogischen Kompetenz des Glaubens bei;
- sie markiert in ihrer fragenden Unnachgiebigkeit selbst bereits einen Ort im Endlichen, der für das Bewusstsein von Unverfügbarem sensibilisiert.

Theologisch verweist Religionskritik gerade in ihren beiden theoretischen Hauptanfragen (Projektionsverdacht, Theodizeefrage) auf eine Theo-Logie, die in Gott je neu das absolute Geheimnis aufzudecken hat. Damit entdeckt sie eine Antwort auf die Fragen der Welt, die doch nie ganz in ihr und ihren Bedürfnissen aufgeht.

Anmerkungen

[1] Vgl. *J. B. Metz/T. R. Peters*, Gottespassion. Zur Ordensexistenz heute, Freiburg u. a. 1991, 5–62.
[2] Vgl. exemplarisch *P. Sloterdijks* Kritik des Religionszynismus, in: Kritik der zynischen Vernunft, Bd. 2, Frankfurt a. M. 1983, 506–526.
[3] Zur Zeit fehlt ein Handbuch der Religionskritik, das das Problem historisch umfassend erschließt und bis in die unmittelbare Gegenwart verlängert – unter Berücksichtigung auch der oft übersehenen praktischen Nebenformen von Religions- und Christentumskritik. Das vorliegende Buch ist in diesem Interesse zugleich eine Projektanzeige.
[4] Vgl. *R. Konersmann*, Art. Religionskritik, in: Historisches Wörterbuch der Philosophie, Bd. 8, Basel 1992.
[5] *N. Luhmann*, Die Gesellschaft der Gesellschaft, Frankfurt a. M. 1997, 234.
[6] Zum antiken Textmaterial vgl. *K.-H. Weger* (Hg.), Religionskritik (Texte zur Fundamentaltheologie), Graz u. a. 1991 (dort der Verweis auf: Die Vorsokratiker, in Auswahl übers. u. hg. v. W. Nestle, Jena [2]1922).
[7] Vgl. Kap. 5.
[8] Vgl. *L. Schwienhorst-Schönberger*, Das Buch Ijob, in: E. Zenger u. a., Einleitung in das Alte Testament (Studienbücher Theologie, Bd. 1,1), Stuttgart u. a. 1995, 230–242; hier: 234 f.
[9] Zur theologischen Religionskritik vgl. Kap. 7.
[10] Vgl. *H. Zirker*, Religionskritik (Leitfaden Theologie 5), Düsseldorf [3]1995, 58–60. – Vgl. zum systematischen Konzept einer aporie-bewussten Theologie: *G. M. Hoff*, Aporetische Theologie. Skizze eines Stils fundamentaler Theologie, Paderborn u. a. 1997.
[11] *H. Waldenfels*, Kontextuelle Fundamentaltheologie, Paderborn u. a. [3]2000, 51.
[12] Vgl. dazu eindrucksvoll *E. Bloch*, Das Prinzip Hoffnung, 3 Bde., Frankfurt a. M. 1990.
[13] Welche Fragen sind verschwunden? Neun Tage 2001: Von den Dinosauriern in der Evolution des Wissens – Eine Ratsuche unter Wissenschaftlern und Publizisten, in: FAZ v. 9. 1. 2001, 51 f.
[14] *E. Nordhofen*, Die Zukunft des Monotheismus, in: Merkur 53 (1999) 828–846; hier: 839.
[15] *F. Nietzsche*, Götzendämmerung, in: Werke in drei Bänden, hg. v. K. Schlechta, Bd. II, München [6]1969, 971f.
[16] *H. Waldenfels*, Religion: Privatsache oder öffentliche Angelegen-

heit? Das Religionsverständnis in den Dokumenten des Zweiten Vatikanischen Konzils, in: Stimmen der Zeit 219 (2001) 75–88.

[17] Vgl. *H.-J. Höhn*, Gegen-Mythen. Religionsproduktive Tendenzen der Gegenwart (QD 154), Freiburg u. a. 1994.

[18] *R. Buchholz*, Religion als Ware. Über religionskonsumtive Tendenzen der späten Moderne, in: G. Riße/H. Sonnemans/B. Theß (Hg.), Wege der Theologie: an der Schwelle zum dritten Jahrtausend (FS H. Waldenfels), Paderborn 1996, 125–138; hier: 138 (Anm. 49).

[19] *H.-J. Höhn*, An den Grenzen der Moderne. Religion – Kultur – Politik, in: ders. (Hg.), Krise der Immanenz. Religion an den Grenzen der Moderne, Frankfurt a. M. 1996, 7–28; hier 12.

[20] *J. Ratzinger*, Der angezweifelte Wahrheitsanspruch. Die Krise des Christentums am Beginn des dritten Jahrtausends, in: FAZ v. 8. 1. 2000, I.

[21] *F. Nietzsche*, Die fröhliche Wissenschaft, in: Werke in drei Bänden, hg. v. K. Schlechta, Bd. II, München [6]1969, 208.

[22] *Th. Rentsch*, Religiöse Vernunft: Kritik und Rekonstruktion. Systematische Religionsphilosophie als kritische Hermeneutik, in: H.-J. Höhn (1996), 235–262; hier: 235.

[23] Vgl. *M. Lutz-Bachmann*, Religion nach der Religionskritik, in: K. Dethloff/L. Nagl/F. Wolfram (Hg.), Religion, Moderne, Postmoderne. Philosophisch-theologische Erkundungen, Berlin 2002, 79–97.

[24] *F. W. Graf*, Wozu noch Theologie? Über die spannungsreiche Einheit von Kritik und Gestaltung, in: FAZ v. 17. 8. 2000, 11.

[25] Vgl. zur genaueren Wahrnehmung von Postmoderne *G. M. Hoff*, Die prekäre Identität des Christlichen. Die Herausforderung postmodernen Differenzdenkens für eine theologische Hermeneutik, Paderborn u. a. 2001.

[26] *O. Marquard*, Lob des Polytheismus. Über Monomythie und Polymythie, in: ders., Abschied vom Prinzipiellen. Philosophische Studien, Stuttgart 1981, 91–116; das folgende Zitat ebd., 110. – Vgl. *A. Halbmayr*, Polytheismus oder Monotheismus. Zur Religionskritik der Postmoderne, in: H. Schmidinger (Hg.), Religiosität am Ende der Moderne? Krise oder Aufbruch, Innsbruck 1999, 228–264.

[27] *W. Benjamin*, Kapitalismus als Religion, in: ders., Fragmente. Autobiographische Schriften (GS VI, hg. v. R. Tiedemann und H. Schweppenhäuser), Frankfurt a. M. 1991, 100–103; hier: 100. – Vgl. *Th. Ruster*, Der verwechselbare Gott. Theologie nach der Entflechtung von Christentum und Religion (QD 181), Freiburg u. a. 2000, 126–142.

[28] Anzeige in der FAZ v. 31. 7. 98.

[29] Anzeige in der FAZ v. 1. 7. 98.
[30] Anzeige in der FAZ v. 18. 6. 98.
[31] Anzeige der Degussa-Hüls in der FAZ v. 27. 9. 99.
[32] Anzeige in der FAZ v. 12. 5. 98.
[33] Vgl. das Kapitel über den „Fetischcharakter der Ware" aus dem „Kapital" (*K. Marx/F. Engels*, Werke, Berlin [Ost] 1956–1968 [MEW], Bd. 23).
[34] Vgl. die Schutzengel-Kampagne der Provinzial 1998 (z. B. Prisma 25/98); vgl. die Anzeige der DG Bank in der FAZ v. 4. 5. 98.
[35] Vgl. die Kampagne von Diesel „Denim Division".
[36] *A. Stadler*, Ein hinreißender Schrotthändler. Roman, Köln 1999, 34.
[37] *M. Reich-Ranicki*, Mein Leben, Stuttgart 1999, 56 f.
[38] Vgl. *H. Schmidinger* (Hg.), Die Bibel in der deutschsprachigen Literatur des 20. Jahrhunderts. Bd. 1: Formen und Motive; Bd. 2: Personen und Figuren, Mainz 1999.
[39] Vgl. *S. Frieling* (Hg.), Der rebellische Prophet. Jona in der modernen Literatur, Göttingen 1999.
[40] Vgl. *G. Langenhorst*, Hiob unser Zeitgenosse. Die literarische Hiob-Rezeption im 20. Jahrhundert als theologische Herausforderung, Mainz 1994.
[41] Alle veröffentlicht in der Serie Piper (München 1999 ff.).
[42] *M. Köhlmeier*, Geschichten von der Bibel. Von der Erschaffung der Welt bis Josef in Ägypten, München ^{2}2001, 7. Im Folgenden mit Seitenzahlen und Sigel G im Text zitiert.
[43] *Ders.*, Der Menschensohn. Die Geschichte vom Leiden Jesu, 77. Im Folgenden mit Seitenzahlen und Sigel M im Text zitiert.
[44] Hamburg 1995; Lissabon 1991. Fortan mit Seitenzahlen im Text zitiert.
[45] Vgl. *Th. Mann*, Joseph und seine Brüder. Ein Vortrag, in: ders., Rede und Antwort, Frankfurt a. M. 1984, 102–117; besonders 106.
[46] In: FAZ v. 25. 3. 95.
[47] *D. Grünbein*, Den Körper zerbrechen. Rede zur Verleihung des Georg-Büchner-Preises 1995, in: ders., Galilei vermisst Dantes Hölle und bleibt an den Maßen hängen. Aufsätze 1989–1995, Frankfurt a. M. 1996, 75–86; hier: 75.
[48] Ebd., 79 f.
[49] *Ders.*, Drei Briefe, in: *Grünbein* (1996) 40–54; hier: 52.
[50] *M. Kamann*, Entfaltung in der Falle: Durs Grünbein, in: FAZ Magazin v. 30. 10. 1998 (H. 974), 10–16; hier: 10 f.
[51] *D. Grünbein*, Traktat vom Zeitverbleib, in: ders., Erklärte Nacht. Gedichte, Frankfurt a. M. 2002, 97–118.
[52] Vgl. *ders.*, Mein babylonisches Hirn, in: Grünbein (1996) 18–33; hier: 30.
[53] *Ders.*, Traktat vom Zeitverbleib, 118.

[54] Ebd.

[55] *R. Baumgart*, Frühgereift, unzart, doch traurig. Sarkastisch postbarock: Durs Grünbeins gesammelte Aufsätze, in: Die ZEIT (1996). Das folgende Zitat ebd.

[56] *M. Houellebecq*, Elementarteilchen. Roman, München [3]2001, 8. (= E)

[57] Ders., Ausweitung der Kampfzone. Roman, Reinbek b. Hamburg 2000. (= A)

[58] *H. Waldenfels* (2000) 50.

[59] Vgl. *U. Beck*, Risikogesellschaft. Auf dem Weg in eine andere Moderne, Frankfurt a. M. 1986.

[60] *J. Werbick*, Den Glauben verantworten. Eine Fundamentaltheologie, Freiburg u. a. 2000, 5.

[61] *D. Cupitt*, Nach Gott. Die Zukunft der Religionen, Stuttgart 2001, 74.

[62] *G. Vollmer*, Bin ich ein Atheist?, in: E. Dahl (Hg.), Die Lehre des Unheils. Fundamentalkritik am Christentum, Hamburg 1993, 16–31; hier: 28–30.

[63] *M. Meyer-Blanck*, Stellt einfache Fragen! Ein Plädoyer für die Versöhnung zwischen Natur und Seele, in: Rheinischer Merkur Nr. 23 (2002) 23.

[64] *D. Sattler/Th. Schneider*, Schöpfungslehre, in: ders. (Hg.), Handbuch der Dogmatik I, Düsseldorf 1992, 120–238; hier: 219.

[65] *J. B. Metz*, Plädoyer für mehr Theodizee-Empfindlichkeit in der Theologie, in: W. Oelmüller (Hg.), Worüber man nicht schweigen kann. Neue Diskussionen zur Theodizeefrage, München 1992, 125–137; hier: 126.

[66] *J. B. Metz*, Gott und die Leidensgeschichte der Welt, in: Stimmen der Zeit 117 (1992) 311–320; hier: 319.

[67] *P. Schmidt-Leukel*, Grundkurs Fundamentaltheologie. Eine Einführung in die Grundfragen des christlichen Glaubens, München 1999, 117.

[68] *K.-H. Menke*, Der Gott, der jetzt schon Zukunft schenkt. Plädoyer für eine christologische Theodizee, in: H. Wagner (Hg.), Mit Gott streiten. Neue Zugänge zum Theodizee-Problem (QD 169), Freiburg u. a. [2]1998, 90–130; hier: 115.

[69] Vgl. *H. Waldenfels*, Einführung in die Theologie der Offenbarung, Darmstadt 1996, 11.

[70] Vgl. *E. Jüngel*, Gott als Geheimnis der Welt. Zur Begründung der Theologie des Gekreuzigten im Streit zwischen Theismus und Atheismus, Tübingen [7]2001.

[71] *M. Horkheimer*, Die Sehnsucht nach dem ganz Anderen. Ein Interview mit Helmut Gumnior, Hamburg 1970, 61; 88 f. Zitiert nach: K.-H. Weger (1991) 192.

[72] *F. Buggle*, Denn sie wissen nicht, was sie glauben. Oder warum man redlicherweise nicht mehr Christ sein kann. Eine Streitschrift, Hamburg 1992, 7.
[73] *M. Schneider*, Der Barbar. Endzeitstimmung und Kulturrecycling, München 1997, 80.
[74] Mit einer Liste religionspolemischer Versuchungen des Generalkritikers *B. Müller*: Schlussstrich. Kritik des Christentums, Kampen 1995, 8f.
[75] Zürich–Düsseldorf 1996. Im Folgenden mit Seitenzahlen im Text zitiert.
[76] Vgl. *B. Müller* (1995). Im Folgenden mit Seitenzahlen im Text zitiert.
[77] Vgl. ebd., 99–100.
[78] *Th. Steinfeld*, Gottlos, nicht wie ein Heide, sondern wie ein Tier. Wie kann man heute noch das Christentum kritisieren? Burkhard Müller unternimmt einen letzten Versuch, in: FAZ v. 21. 6. 96.
[79] *F. Buggle* (1992). Im Folgenden mit Seitenzahlen im Text zitiert.
[80] Zitiert mit Nummern im Text nach: *K. Rahner/H. Vorgrimler*, Kleines Konzilskompendium. Sämtliche Texte des Zweiten Vatikanums mit Einführungen und ausführlichem Sachregister, Freiburg u. a. [19]1986. – Zum Gesamtthema vgl. *H. Waldenfels* (1996).
[81] Vgl. *Internationale Theologische Kommission* (Hg.), Erinnern und Versöhnen. Die Kirche und die Verfehlungen in ihrer Vergangenheit. Ins Dt. übertr. u. hg. v. G. L. Müller, Einsiedeln 2000.
[82] *P. Sloterdijk* (1983). Im Folgenden mit Seitenzahlen im Text zitiert.
[83] Vgl. *M. Seckler*, Theologie als Glaubenswissenschaft, in: Handbuch der Fundamentaltheologie, hg. v. W. Kern/H. J. Pottmeyer/ M. Seckler, Bd. IV: Traktat Theologische Erkenntnislehre. Mit Schlussteil: Reflexion auf Fundamentaltheologie, Paderborn u. a. [2]2000, 132–184.
[84] Vgl. *Sloterdijk*, (1983) 1, 64–87.
[85] *W. Kasper*, Der Gott Jesu Christi, Mainz 1983, 160.
[86] *L. Wittgenstein*, Über Gewissheit, in: WA 8, Frankfurt a. M. [5]1992, 113–257; hier: 154 (Nr. 166).
[87] *M. Brumlik*, Der Terror der Eindeutigkeit. Wer zerreißt den Schleier? Das Unbehagen an der Kultur und die Phantasie ihrer Zerstörung – Manfred Schneider: „Der Barbar – Genealogie der Endzeitstimmungen“, in: Die ZEIT v. 28. 3. 97 (Nr. 14), 54.
[88] *H. Böhme*, Wüste Schwärmer, schöne Schergen. Manfred Schneider singt dem Barbar ein rauhes Lied, in: FAZ v. 25. 3. 97 (Literaturbeilage), 24.
[89] *M. Schneider* (1997) 15. – Im Folgenden mit Seitenzahlen im Text zitiert.

[90] *M. Brumlik* (1997) 54.
[91] Ausgespart bleibt hier wie selbstverständlich das trinitarische Gottesbild, das eine theoretische Komplizierung bedeutete.
[92] Vgl. das Zitat Anm. 73.
[93] Vgl. *M. Limbeck*, Das Gesetz im Alten und Neuen Testament, Darmstadt 1997.
[94] *H. Merklein*, Jesu Botschaft von der Gottesherrschaft. Eine Skizze, Stuttgart 1983, 95.
[95] Ebd.
[96] Ebd., 99.
[97] *M. Schneider* (1997) 135.
[98] *H. Schnädelbach*, Der Fluch des Christentums – Die sieben Geburtsfehler einer alt gewordenen Weltreligion. Eine kulturelle Bilanz nach zweitausend Jahren, in: R. Leicht (Hg.), Geburtsfehler? Vom Fluch und Segen des Christentums. Streitbare Beiträge, Berlin 2001, 13–33. Im Folgenden mit Seitenzahlen im Text zitiert.
[99] Ausführlichere Repliken bietet der von Robert Leicht herausgegebene Diskussionsband; vgl. *R. Leicht* (2001).
[100] Katechismus der Katholischen Kirche, München 1993. Die beiden folgenden Zitate ebd.
[101] Vgl. *A. Angenendt*, Vom Segen des Christentums – Wider Schnädelbachs „Todsünden", in: R. Leicht (2001), 73–81; hier: 73.
[102] Noch einmal ist hier an die verschiedenen Bitten des päpstlichen Schuldbekenntnisses zu erinnern. Vgl. *Internationale Theologische Kommission* (2000).
[103] Vgl. den Interpretationsvorschlag von H. J. Sander, nicht verschweigen. Die zerbrechliche Präsenz Gottes, Würzburg 2003, 76–94.
[104] *H. Schnädelbach* (2001) 17.
[105] Erklärung über die Religionsfreiheit (Dignitatis humanae) Nr. 11.
[106] Vgl. *H. Schnädelbach* (2001) 15.
[107] Man lese in diesem Zusammenhang die Ethik Immanuel Kants.
[108] Vgl. *R. Buchholz*, Körper – Natur – Geschichte. Materialistische Impulse für eine nachidealistische Theologie, Darmstadt 2001.
[109] *A. Angenendt* (2001) 76.
[110] *Th. Ruster* (2000). Im Folgenden mit Seitenzahlen im Text zitiert.
[111] *P. F. Knitter*, Ein Gott – viele Religionen. Gegen den Absolutheitsanspruch des Christentums, München 1988.
[112] Die Literatur zur PRT ist bereits kaum übersehbar geworden. Einen guten Überblick verschafft der Literaturbericht von *P. Schmidt-Leukel*, Das pluralistische Modell in der Theologie der Religionen. Ein Literaturbericht, in: Theologische Revue 89

(1993) 355–370. Zur Rezeption (mit neueren Literaturhinweisen) vgl. exemplarisch *R. Schwager* (Hg.), Christus allein? Der Streit um die pluralistische Religionstheologie (QD 160), Freiburg u. a. 1996.

[113] *H. R. Schlette* (Hg.), Religionskritik in interkultureller und interreligiöser Sicht, Bonn 1998.

[114] Mit einem Aufsatztitel Hicks in: *J. Hick*, God and the Universe of Faiths. Essays in the Philosophy of Religion, London u. a. 1973, 120–132.

[115] Dt.: Mainz 1986.

[116] Ebd., 23.

[117] Dt.: Religion. Die menschlichen Antworten auf die Frage nach Leben und Tod, München 1996. Im Folgenden mit Seitenzahlen im Text zitiert.

[118] Vgl. *A. Kreiner*, Ende der Wahrheit? Zum Wahrheitsverständnis in Philosophie und Theologie, Freiburg u. a. 1992, 548 ff.

[119] *J. Hick*, Religiöse Erfahrung: Ihr Wesen und ihre Zuverlässigkeit, in: P. Schmidt-Leukel (Hg.), Berechtigte Hoffnung. Über die Möglichkeit, vernünftig und zugleich Christ zu sein, Paderborn 1995, 85–98; hier: 89.

[120] Vgl. vor allem *R. Bernhardt*, Der Absolutheitsanspruch des Christentums. Von der Aufklärung bis zur Pluralistischen Religionstheologie, Gütersloh 1990.

[121] *H. Waldenfels*, Art. Absolutheitsanspruch des Christentums, in: LThK³, Bd. 1, 80–82; hier: 80.

[122] Ob allerdings ein Begriff, der Beziehungslosigkeit ausdrückt, überhaupt geeignet sein kann, den biblischen Gott zu beschreiben, steht zu Recht in Frage.

[123] *H. Waldenfels* (2000) 216; vgl. zum Ganzen ebd., 210–217.

[124] *K.-J. Kuschel*, Christologie und Pluralistische Religionstheologie. Die Herausforderung John Hicks und eine theologische Antwort, in: G. Riße/H. Sonnemans/B. Theß (1996) 481–493; hier: 490.

[125] Vgl. *J. Hick* (1996) 11.

[126] Vgl. *A. Kreiner*, Philosophische Probleme der pluralistischen Religionstheologie, in: Christus allein?, in: R. Schwager (1996) 118–131.

[127] Vgl. *K. Barth*, Kirchliche Dogmatik, Bd. I/2, Zollikon-Zürich 1960, 356–379.

[128] *K.-J. Kuschel* (1996) 490.

[129] *P. F. Knitter* (1988) 42.

[130] *J. Hick*, Jesus und die Weltreligionen, in: ders. (Hg.), Wurde Gott Mensch? Der Mythos vom fleischgewordenen Gott, Gütersloh 1979, 175–194; hier: 191.

[131] *L. Swidler*, Eine Christologie für unsere kritisch-denkende, pluralistische Zeit, in: *R. Bernhardt* (Hg.), Horizontüberschreitung. Die Pluralistische Theologie der Religionen, Gütersloh 1991, 104–119; hier: 109.

[132] Ebd., 112.

[133] *P. Schmidt-Leukel*, Religiöse Vielfalt als theologisches Problem. Optionen und Chancen der pluralistischen Religionstheologie John Hicks, in: R. Schwager (1996) 11–49; hier: 44 f.

[134] *H. Denziger/P. Hünermann* (Hg.), Enchiridion symbolorum definitionem et declarationem de rebus fidei et morum, Freiburg [37]1991, 142 f. (Nr. 302).

[135] Vgl. *G. M. Hoff*, Chalkedon im Paradigma Negativer Theologie. Zur aporetischen Wahrnehmung der chalkedonensischen Christologie, in: Theologie und Philosophie 70 (1995) 355–372.

[136] *H. Kessler*, Pluralistische Religionstheologie und Christologie. Thesen und Fragen, in: R. Schwager (1996) 158–173; hier: 166.

[137] Vgl. *G. M. Hoff* (1997).

[138] *R. Bernhardt*, Deabsolutierung der Christologie?, in: J. Werbick/ M. von Brück (Hg.), Der einzige Weg zum Heil? Die Herausforderung des christlichen Absolutheitsanspruchs durch pluralistische Religionstheologien (QD 143), 144–200; hier: 186.

[139] *J. B. Metz*, Glaube in Geschichte und Gesellschaft. Studien zu einer praktischen Fundamentaltheologie, Mainz [4]1984, 13.

[140] Vgl. *M. Seckler*, Fundamentaltheologie: Aufgaben und Aufbau, Begriff und Namen, in: Handbuch der Fundamentaltheologie IV ([2]2000) 331–402.

[141] Vgl. *M. Seckler* (2000) 385. – Seckler schlägt eine „Gliederung der Apologetik in *„drei Traktate der apologetischen Theologie“* (392) vor, die als *„Theorie der Apologie“*, *„Adversative Apologetik“* und *„Transpositive Apologetik“* (392) entworfen werden. Die Betonung dieser fundamentaltheologischen Arbeitsteilung trennt terminologisch, was als Einheit anzusehen ist: in jedem Vollzugsmoment theologischer Reflexion ist ihr möglicher apologetischer Einsatzmoment mit zu bedenken. Von daher erscheint eine Orientierung an verschiedenen Gesprächssituationen fundamentaltheologischen Argumentierens (Apologetik, Hermeneutik, Dialogik; vgl. *H. Waldenfels* [2000] 71–80) überzeugender.

[142] *R. Schaeffler*, Die Kritik der Religion, in: Handbuch der Fundamentaltheologie. Bd. I: Traktat Religion, Paderborn u. a. [2]2000, 85–99; hier: 94.

[143] *Th. Ruster*, Die Lumpensammlerin. Zur Aufgabe der Fundamentaltheologie nach der Entflechtung von Christentum und Religion, in: G. Riße/H. Sonnemans/B. Theß (1996) 41–53. Das folgende Zitat ebd., 44.

Kleines Wörterbuch

Agape
Neutestamentlich: Liebe.

Analogie
Lehre von der Entsprechung zwischen menschlicher und göttlicher Wirklichkeit, die sich aus dem Schöpfungsglauben ableitet. Danach ist der Mensch als „Abbild Gottes" geschaffen (Gen 1,27). Dementsprechend kann der Mensch sich auf Gott beziehen und in einer gewissen Ähnlichkeit, die von je größerer Unähnlichkeit (*maior dissimilitudo*) durchzogen bleibt, von Gott sprechen. Der Abstand zwischen Gott und Mensch bleibt erhalten, ohne dass der Bezug verloren ginge.

Agnostisch
Erkenntnistheoretische Position, die sich angesichts der Gottesfrage letztlich skeptisch enthält, weil sie von der Unerkennbarkeit Gottes bzw. des Transzendenten ausgeht.

Apologetik, apologetisch
Verteidigung des (christlichen) Glaubens mit den Mitteln der Vernunft. Die sog. Apologeten übernehmen diese Aufgabe im 2. Jh. in der Auseinandersetzung mit Rom und der römischen Kultur. Zugleich eine grundsätzliche Aufgabe der Fundamentaltheologie.

Chalkedon
Auf dem Konzil von Chalkedon wurde die zentrale christologische Aussage dogmatisch definiert, wonach Jesus Christus *wahrer Gott und wahrer Mensch zugleich* ist, Mensch und Gott in zwei Naturen: der göttlichen und der menschlichen, die *unvermischt und ungetrennt* bestehen.

Eschatologie, eschatologisch
Theologische Lehre vom Ende der Zeit.

Eschatologischer Vorbehalt
Jede theologische Aussage steht unter dem Vorbehalt, dass sich Gott am Ende der Zeiten erst ganz erschließt: „Jetzt schauen wir in einen Spiegel und sehen nur rätselhafte Umrisse, dann aber schauen wir von Angesicht zu Angesicht" (1 Kor 13,12).

Evidenz
Etwas ist aus sich selbst heraus unmittelbar einsichtig.

Falsifikation
Eine Aussage wird in ihrem Wahrheitsgehalt dadurch überprüft, dass man feststellt, ob sie sich als unzutreffend erweist. Man muss sie also nicht unbedingt positiv *verifizieren*, d. h. als wahr erweisen, sondern sie kann als wahrheitsfähig gelten, solange sie nicht als falsch erwiesen wurde.

Fundamentalismus
(Religiöse) Denkform, die sich auf ein Dokument als Grundlage bezieht, das wörtlich ausgelegt und kompromisslos verfolgt wird.

Hermeneutik, hermeneutisch
Lehre vom Verstehen.

Komplexitätsreduzierung
Religionssoziologischer Ansatz, der darauf abhebt, dass Religion die Komplexität der modernen Lebens- und Weltverhältnisse zu bewältigen hilft, indem sie Problemlösungen und Sinn verspricht.

Kontextualität
Kontextuelle Theorien machen darauf aufmerksam, dass jeder Text in einem Zusammenhang steht. Theologisch bedeutet das, dass das Christentum nicht isoliert, sondern aus seinem Kontakt mit den Kulturen anderer Zeiträume zu verstehen ist, in denen es sich selbst entwickelt hat.

Inkarnation, inkarnationstheologisch
Lehre von der Menschwerdung Gottes (in Jesus Christus).

Locus theologicus
Nach *Melchior Cano* (1509–1560) gibt es verschiedene Quellen theologischer Erkenntnis. Wörtlich: *theologischer Ort* (der Erkenntnis).

Logos
Griechisch: Wort; nach dem Prolog des Johannesevangeliums ist Jesus Christus der Logos Gottes. Zugleich ist der Logos das, was die entsprechende Logik orientiert, was ihr Sinn und Richtung gibt und sie letztlich bindet.

Mentalitätsgeschichte, mentalitätsgeschichtlich
Die kulturelle Denk- und Wahrnehmungsform in einer bestimmten geschichtlichen, situationsabhängigen Fassung.

Metaphysik, metaphysisch
Philosophische Denkform, bestimmt durch Aristoteles und die mittelalterliche Scholastik (Th. v. Aquin); eine (transzendente) Wirklichkeit wird „hinter“ der empirisch fassbaren angenommen.

Mysterium fidei
Geheimnis des Glaubens.

Negative Theologie
Theologische Tradition, die sich auf Pseudo-Dionysios Areopagita (6. Jh.) beruft, auf dem Vorrang des Unerkennbaren, des Unsagbaren in der Gottesfrage besteht und deshalb in Negativaussagen das göttliche Geheimnis „auszusagen“ versucht. In der Theologie der Moderne neu gefasst, u. a. als Antwort auf religionskritische Anfragen.

performativ
Bezeichnet eine Handlung, die sprechend vollzogen wird (z. B. „Ich heirate dich!“).

Paradigma
Modell, in dem gedacht wird.

Perikope
Schriftstelle.

Pragmatik
Ebene des Handelns.

Religionsfunktionalismus
Theorie, die Religion unter funktionalem Vorzeichen erfasst.

Religionssoziologie
Gesellschaftsbezogene Wahrnehmung von Religion.

Satisfaktionstheorie
Soteriologischer Ansatz, der auf die Wiedergutmachung der menschlichen Schuld bei Gott durch das „Opfer" Jesu (am Kreuz) abhebt.

Soteriologie
Lehre von der Erlösung.

Synkretismus
Vermischung verschiedener Glaubensvorstellungen.

Theismus
Glaube an einen personalen Gott.

Theodizeefrage
Frage nach der Existenzmöglichkeit Gottes angesichts des Leids der Welt.

Theologie des Karsamstags
Theologie, die im Kreuzestod Jesu die Spanne vom Karfreitag bis zum Ostertag – also gleichsam den „Tod Gottes" in Jesu Tod – ernst zu nehmen sucht.

Transzendenz
Das Übersteigende, Jenseitige.

Tora
Die fünf Bücher Mose; jüdisches Gesetz.

Verifikation
Vgl. Falsifikation.

Zwei-Naturen-Lehre
Vgl. Chalkedon.

Weiterführende Werke

E. Dahl (Hg.), Die Lehre des Unheils. Fundamentalkritik am Christentum, Hamburg 1993 (veränderte und erweitere Taschenbuchausgabe: München 1995). – Der Sammelband bietet einen guten Überblick über Themen und Figuren aktueller Religions- und Christentumskritik. Pointiert wird die kritische Perspektive vertreten. Prominente Autoren kommen zu Wort.

N. Hoerster (Hg.), Religionskritik, Stuttgart 1984 – Der Herausgeber ist selbst einer der einflussreichsten deutschen Religionskritiker. Der Reader erlaubt einen zuverlässigen Überblick über die wichtigsten Positionen.

R. Leicht (Hg.), Geburtsfehler? Vom Fluch und Segen des Christentums. Streitbare Beiträge, 2001. – Hier wird die Auseinandersetzung um die Christentumskritik von Herbert Schnädelbach dokumentiert. Aufgenommen sind verschiedene Reaktionen, aber auch eine abschließende Stellungnahme Schnädelbachs. Der Band erschließt ein Beispiel zeitgenössischer Religionskritik mit Modellcharakter.

H. R. Schlette (Hg.), Religionskritik in interkultureller und interreligiöser Sicht, Bonn 1998. – Der Band geht zurück auf einen Kongress des Bonner Graduiertenkollegs „Interkulturelle religiöse bzw. religionswissenschaftliche Studien“ zum Thema und eignet sich als erste Orientierung im Problembereich interkultureller Religionskritik.

P. Schmidt-Leukel (Hg.), Berechtigte Hoffnung: Über die Möglichkeit, vernünftig und zugleich Christ zu sein, Paderborn 1995. – Der Gegenband zu Dahls „Lehre des Unheils“. Hier werden unter Beteiligung wichtiger Fachvertreter kompetente Antworten auf die religionskritischen Anfragen entwickelt. Zugleich lesbar als eine Art indirekte Einführung in zentrale Glaubensaspekte.

K.-H. Weger (Hg.), Religionskritik, Graz u. a. 1991. – Im Rahmen der Reihe „Texte zur Theologie“ finden sich hier Auszüge aus einschlägigen religionskritischen Werken von der Antike bis zur Gegenwart. Die Texte werden knapp eingeleitet und erschließen ein sehr breites Spektrum religionskritischer Stimmen.

H. Zirker, Religionskritik, Düsseldorf ^{3}1995. – „Klassiker“ der Einführungen in die wesentlichen Ansätze. Gut lesbar, klar in der Darstellung wie in der kritischen Diskussion. Zirker schreibt als christlicher (katholischer) Theologe und bezieht entsprechend Stellung.

Personenregister

Sachregister

Vom selben Autor erschienen bei
topos taschenbücher

Gregor Maria Hoff
Die neuen Atheismen

Eine notwendige Provokation

184 Seiten
Band 671
ISBN 978-3-8367-0671-1

www.toposplus.de